Aristia la Monique

Die gefallene Kaiserin

Aristia la Monique

Die gefallene Kaiserin

1

iNA

Original Story: Yuna

Aristia la Monique
Die gefallene Kaiserin
1
iNA
Original Story: Yuna

Schnipp
Schnipp
Schnipp
Stapf
Stapf
Stapf
Stapf
Stapf
Stapf

Swuusch
Die Schuldige, Aristia la Monique, hat sich als Königin unmoralisch verhalten und es aus Eifersucht und Neid gewagt ...
... eine Verschwörung zum Hochverrat anzuzetteln, um Seine Hoheit den Kaiser zu ermorden.

Ab wann lief es bloß schief?
Deshalb wird sie ihres Amtes als Königin enthoben ...
... und ihre Besitztümer als Marquise Monique, ihr Adelstitel und ihr Herrschaftsgebiet werden konfisziert.
Für all ihre Sünden, wie den versuchten Mord an einem Mitglied der kaiserlichen Familie ...
Warum genau bin ich hier?

... wird sie mit dem Tod durch Enthauptung bestraft.
Ich habe nur ...
... die Sünde begangen, dich zu lieben.
!!
Stoß
...!

Ha ha
Hah
Du warst der einzige Sinn meines Lebens.
Aber ich war dir lediglich im Weg.

Führt es aus!
Ratter
Wenn ich doch nur mein Leben ein weiteres Mal beginnen könnte.
Ich würde dich nicht noch einmal ... lie...
Zosch

Aristia la Monique.
Die Frau, die für den Kaiser geboren wurde.
Die einzige Gefährtin des Kaisers, die Blume des Kaiserreiches.
Das … war mein Name.

Aristia la Monique

Die gefallene Kaiserin

Das Jahr 964 der
kaiserlichen Herrschaft.

Die Krönung des 34. Kaisers des
Reiches Castina, Ruvelis Kamaludin
Shana Castina, wird gefeiert.
Waaaaah

Lang lebe der Kaiser!!
Lang lebe die Kaiserin!!
Lang lebe der Kaiser!!
Lang lebe die Kaiserin!!
Sie sind so ein schönes Paar, oder? Die beiden sehen verdammt glücklich aus!
Nicht wahr? Endlich hat der Kaiser auch eine Kaiserin gefunden. Jetzt kann das Kaiserreich unbesorgt sein!

Der Palast der Kaiserin
Wow! Das ist das erste Mal, dass ich jemanden mit silbernen Haaren sehe! Das ist ja schön!!
Wie heißt du?

Aristia la Monique grüßt Euch, Euer Hoheit, Mond des Kaiserreiches.
Du bist also Aristia. Darf ich dich Tia nennen?
Es gibt hier niemanden in meinem Alter und ich hätte gerne eine Freundin. Das trifft sich also gut!
Lass uns Freunde sein, Tia!
Es wäre mir eine Ehre, Euer Hoheit.
Adelige nennen sich aber nur beim Vornamen, wenn sie eng befreundet sind.
Sie hat schon so lange Unterricht in Palastetikette und doch weiß sie so etwas nicht.

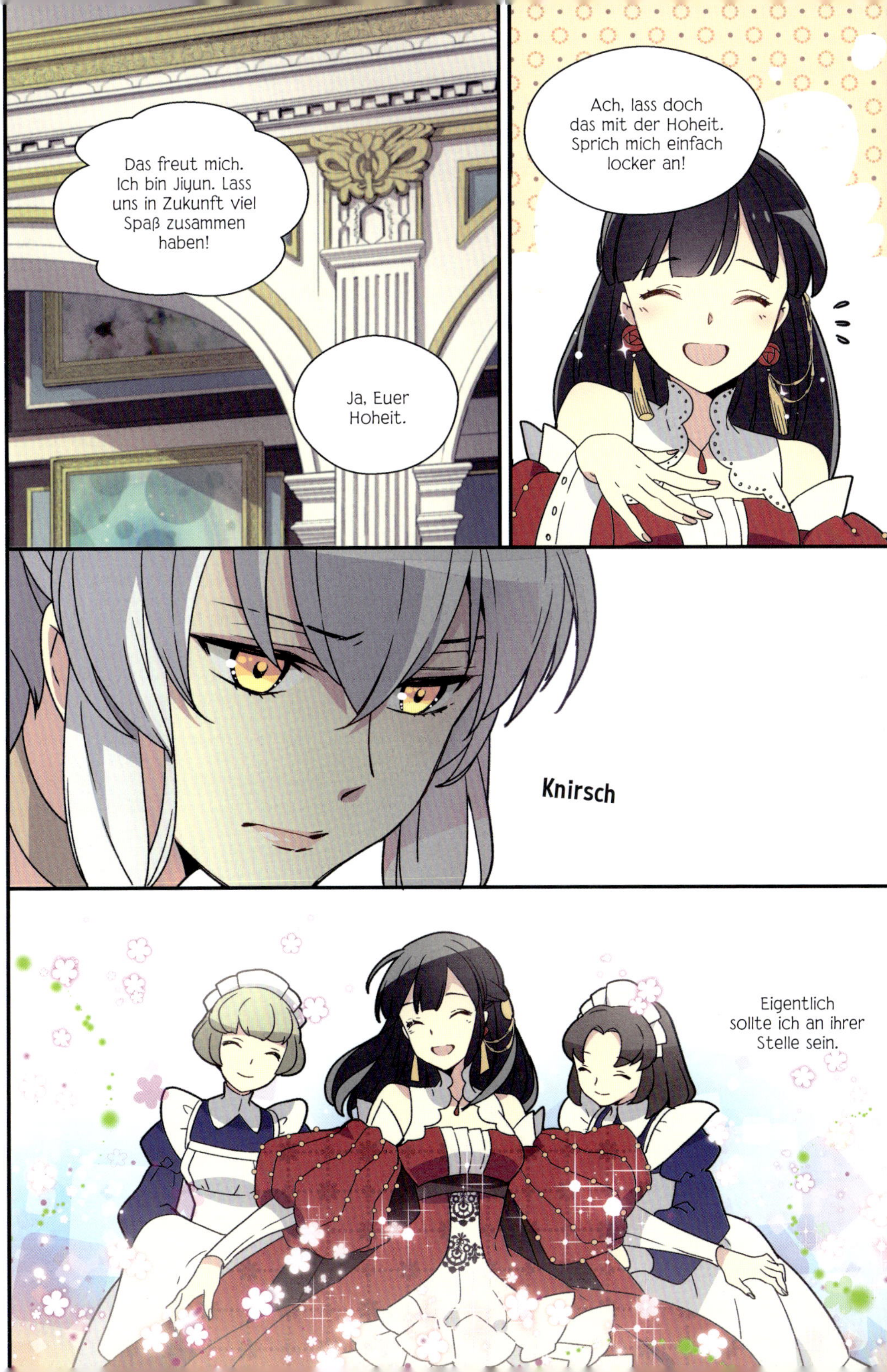
Das freut mich. Ich bin Jiyun. Lass uns in Zukunft viel Spaß zusammen haben!
Ja, Euer Hoheit.
Ach, lass doch das mit der Hoheit. Sprich mich einfach locker an!
Knirsch
Eigentlich sollte ich an ihrer Stelle sein.

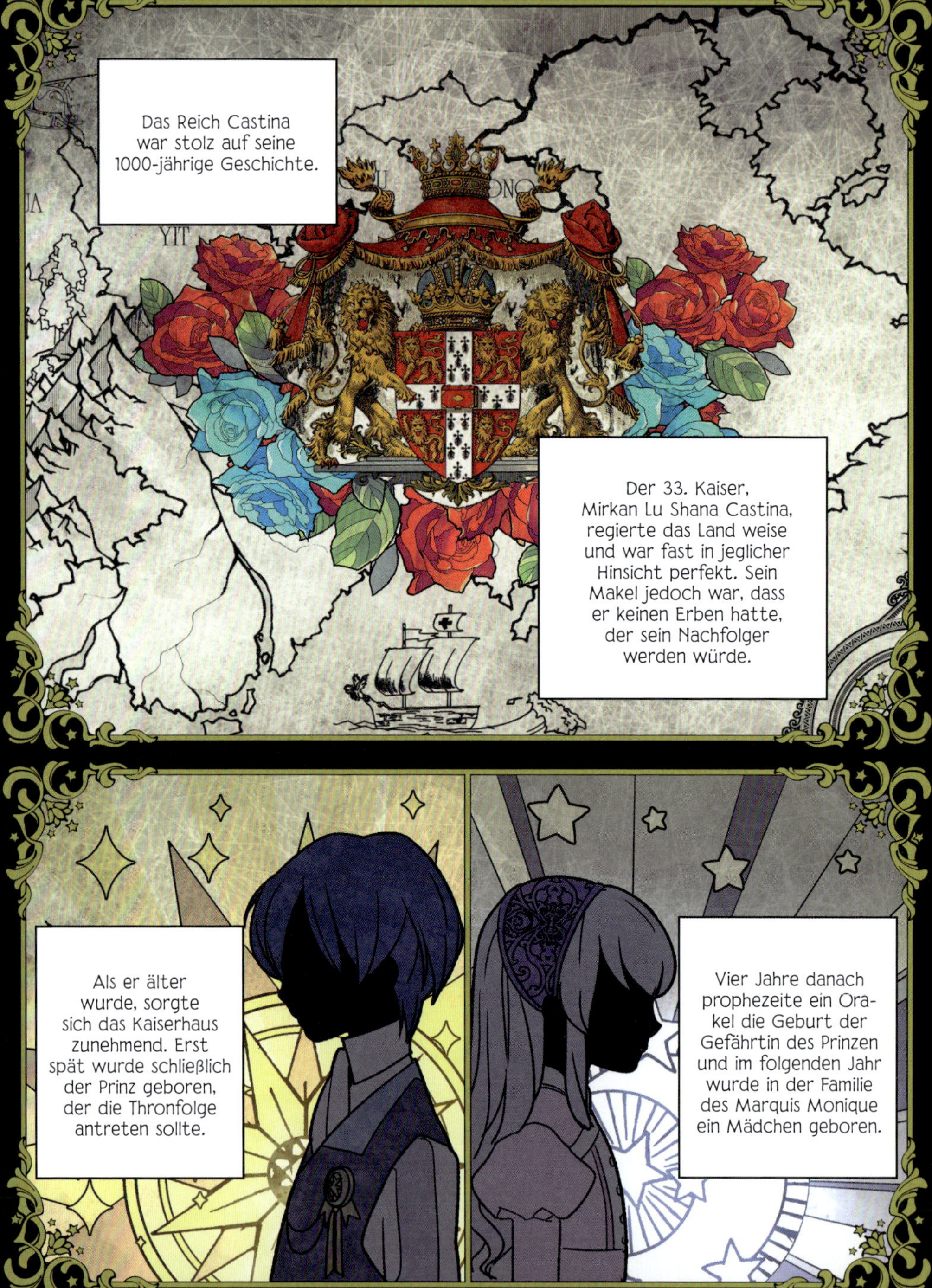
Das Reich Castina war stolz auf seine 1000-jährige Geschichte.
Der 33. Kaiser, Mirkan Lu Shana Castina, regierte das Land weise und war fast in jeglicher Hinsicht perfekt. Sein Makel jedoch war, dass er keinen Erben hatte, der sein Nachfolger werden würde.
Als er älter wurde, sorgte sich das Kaiserhaus zunehmend. Erst spät wurde schließlich der Prinz geboren, der die Thronfolge antreten sollte.
Vier Jahre danach prophezeite ein Orakel die Geburt der Gefährtin des Prinzen und im folgenden Jahr wurde in der Familie des Marquis Monique ein Mädchen geboren.

Die Tochter entstammte der Familie Monique, der einzigen Familie eines Marquis, die an der Reichsgründung beteiligt gewesen war. Viele glaubten, dass sie das Kind des Orakels war und Kaiserin werden würde.
Das Mädchen hatte von Kindesbeinen an keinerlei Freiheiten und wurde ausschließlich zur zukünftigen Kaiserin erzogen.
Als Kaiser Mirkan einige Jahre später starb, wurde Prinz Ruvelis zum 34. Kaiser gekrönt.
Das Mädchen wartete darauf, nun bald Kaiserin zu werden. Doch es kam anders.
Aus dem Nichts erschien im See des Palastes eine mysteriöse junge Frau.

Sie war eine außergewöhnliche Erscheinung, mit pechschwarzem Haar, das ihr bis auf die Schultern fiel, und schwarzen Augen.
Durch das plötzliche Auftreten jener Frau aus einer anderen Welt geriet der Tempel in Aufruhr. In der Folge wurde das alte Orakel neu gedeutet. Sie musste die wahrhaftige Herrscherin aus der Prophezeiung sein.
Das Mädchen aber, das man seit seiner Geburt zur Kaiserin erzogen hatte, wurde lediglich eine niedere Königin am Hof.
So wurde die mysteriöse junge Frau zur Kaiserin gekrönt.

In diesem Garten war ich oft zusammen mit dem früheren Kaiser ...
Jetzt bin ich hier alleine.
»Meine Tochter ...«
Ich glaubte, ich würde irgendwann die Gefährtin seines Sohnes werden und glücklich sein ...

Euer Hoheit ...
Ich vermisse Euch ...
Tia!
Was macht Jiyun hier?!
Was hast du denn?
Seid gegrüßt, Euer Hoheit, Mond des Kaiserreiches.
Hast du geweint? Was ist passiert?
Nichts ...
Ich habe mich kurz an etwas erinnert, das ich sehnlichst vermisse.
Etwas, das du sehnlichst vermisst?

Ich verstehe ... Ich vermisse meine Familie auch.
Ohne zu wissen wieso, wurde ich plötzlich in diese Welt hineingeworfen.
Ach ... ja. Sie hat ebenfalls eine Familie.
Sie ist gerade 18 Jahre alt geworden.
Schluchz
Papa ... Mama ...
Euer Ho...
Was geht hier vor?

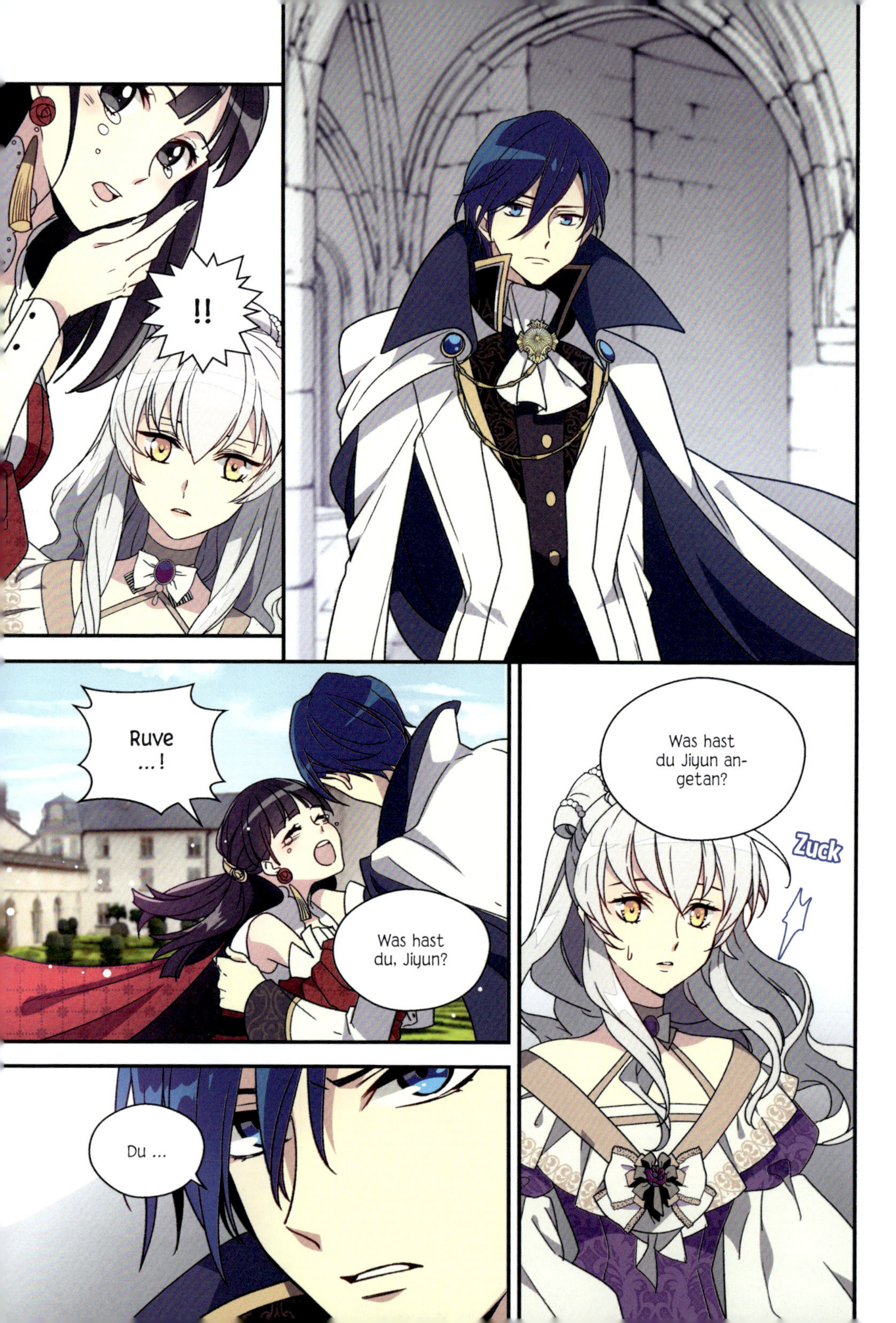
!!
Ruve
...!
Was hast
du, Jiyun?
Was hast
du Jiyun an-
getan?
Zuck
Du ...

Euer Hoheit, ich …
Ruve! Tia hat nichts falsch gemacht!
Ich habe nur etwas geweint, weil ich meine Familie vermisse.
Ver-stehe …
Du musst erschöpft sein. Geh schon mal vor und ruh dich aus!
Ich komme auch gleich nach!
Gut!
Solch ein liebevoller Tonfall …
Du!
So hat er mit mir noch nie gesprochen …

Halt dich von Jiyun fern!
Jiyun ist sensibel und unschuldig. Sie sollte nicht von jemandem wie dir schikaniert werden.
Euer Hoheit.
Dachtest du, die Position als Kaiserin würde dir gehören? Weit gefehlt.
Die Deutung der Prophezeiung war falsch. Von Anfang an war dies nicht dein, sondern Jiyuns Platz.
Ich wollte doch nur Verständnis für Jiyuns Gefühle zeigen …

Wenn so etwas noch ein- mal passiert ...
... werde ich dir das nicht durch- gehen lassen.
Warum nur verabscheust du mich so sehr?
Dabei habe ich mich mein ganzes Leben so sehr bemüht, deine Liebe zu erlangen.
Warum bloß ...?

Tut mir leid, Tia. Es tut mir wirklich leid.
...
Wovon sprecht Ihr, Euer Hoheit?
Dass du alle deine Aufgaben im Haushalt des Palastes auf mich abgewälzt hast?
Oder deine erbärmlichen Manieren, die nicht besser werden, egal wie viel du auch lernst?
Also ...
Ich habe gehört, dass du ursprünglich als künftige Kaiserin ausgewählt wurdest.

Dass du Ruves Verlobte warst und eure Hochzeit geplant wurde, sobald du geboren warst.
Und dass ich …!
Das hat sie ja früh mitbekommen.
Ich hatte wirklich keine Ahnung! Es tut mir leid!!
Es gibt nichts, wofür Ihr Euch entschuldigen müsstet.
Wir waren unwissend und haben die Prophezeiung einfach nur falsch interpretiert.
Was meinst du damit?
Die Gefährtin Seiner Hoheit wird von den Göttern bestimmt.
Also seid Ihr, die Ihr das Kind der Prophezeiung seid, zu Recht die Gefährtin des Kaisers.

Was? Die Götter entscheiden?
Was soll denn an einer Kaiserin so großartig sein?
Erstarr
Was sagt sie da ...?
Ich bin einfach eines Tages in diese unbekannte Welt gefallen. Und plötzlich ...
... meinten alle, dass dies die Prophezeiung sei und ich heiraten sollte.
Ich war verwirrt, aber konnte nichts tun. Es gab keinen Weg zurückzukehren. Also stimmte ich zu.
Und jetzt erfahre ich, dass es schon eine andere Verlobte gab?
Was soll das? Dann bin ich doch die Böse, die dir deinen Platz weggenommen hat!

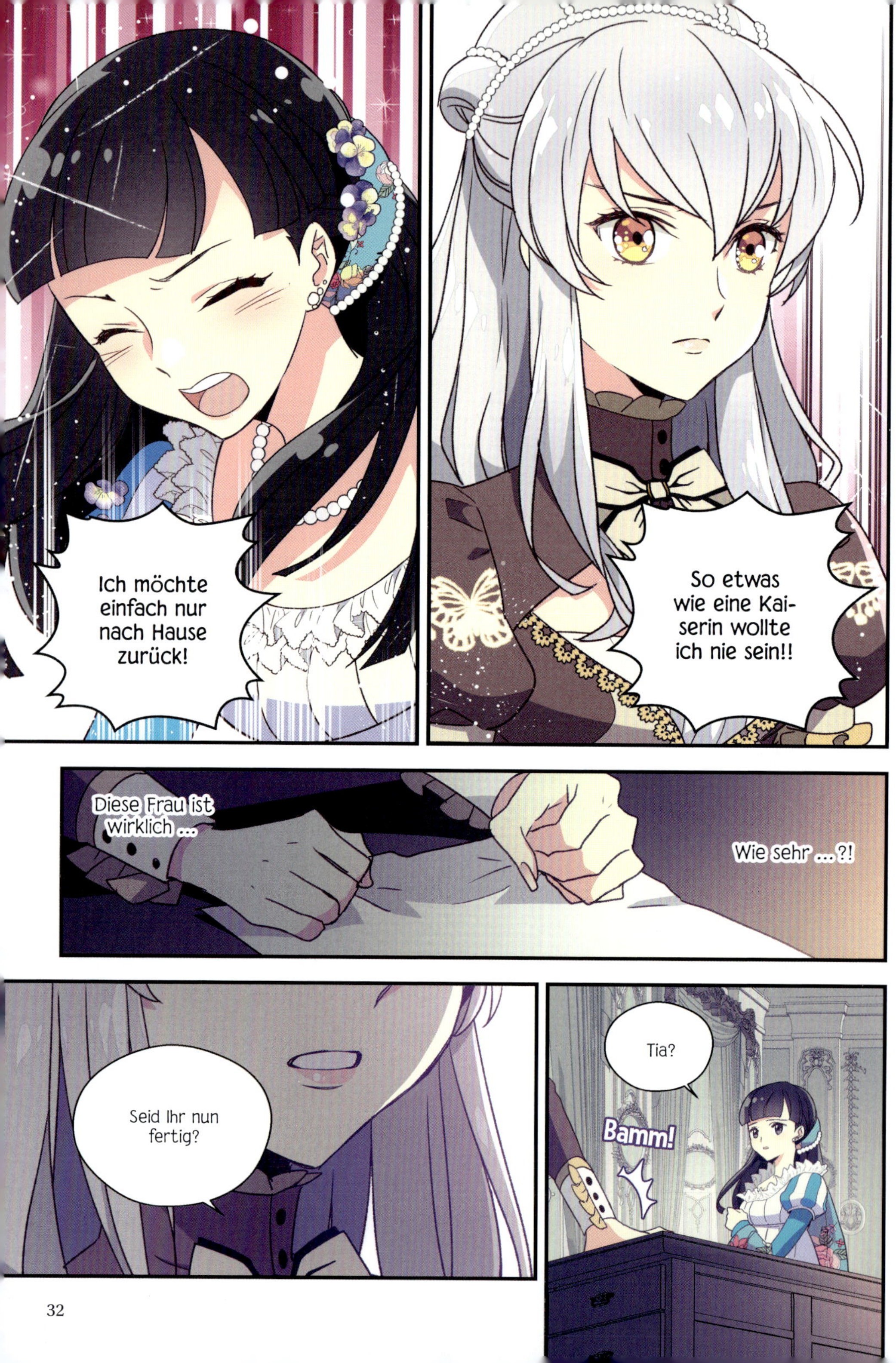
Ich möchte einfach nur nach Hause zurück!
So etwas wie eine Kaiserin wollte ich nie sein!!
Diese Frau ist wirklich ...
Wie sehr ...?!
Seid Ihr nun fertig?
Tia?
Bamm!

Trotzdem hätte Euch zumindest klar sein müssen, was es für eine Stellung ist, die Ihr da annehmt.
Das ...
Es überrascht mich, dass Ihr so etwas Unverant-wortliches sagt.
Die Kaiserin ist die Mutter aller Bürger des Kaiserreichs.
Sie hat die gleiche Stellung wie der Kaiser und die Zukunft des Reiches im Blick.
Ich ...!
Ihr konntet also nichts tun und habt akzeptiert, weil es keinen Weg zurück gab?
Ich wollte diese Position so sehr und konnte sie nicht haben ...!
Das ist keine Stellung, die man auf die leichte Schulter nehmen und über die man sich be-schweren sollte!
Ich habe mich mein Leben lang angestrengt, um als Kaiserin an sei-ner Seite stehen zu können!

Tia ...
Es macht mich wütend, dass Ihr so gedankenlos wart, Euer Hoheit.
Der Kaiser und die Bürger unseres Reiches tun mir leid.
Vor allem ...
... bemitleide ich mich selbst, weil ich Zeit darauf verschwendet habe, Euch zu unterstützen.
Wegen jemandem wie ihr ...
... musste ich seine Zweitfrau werden.
Warum bloß hat er solch eine Frau als seine Gefährtin ausgewählt?
Was an dieser Frau ist so liebenswert?!

Tia, ich …
… war durcheinander, weil ich plötzlich an einen seltsamen Ort gerissen wurde.
Ruve ist der Einzige in dieser Welt, auf den ich mich verlassen habe. Es fiel mir schwer zu glauben, dass er eine weitere Ehefrau hat.
Und dann bist es gerade du, die für mich wie eine kleine Schwester ist.
Deshalb habe ich wohl etwas Falsches gesagt. Es tut mir leid …
Ich gehe jetzt.
Klack
Warum verhalte ich mich so? Ich hätte mich doch etwas mehr zurückhalten können.
Ich bin in letzter Zeit seltsam aufbrausend und kann meine Wut nicht kontrollieren.

Ach ja, die Arbeit ... Das muss ich noch erledigen.
Um alle diese Dokumente sollte sich die Kaiserin kümmern.
Sie genießt ihre Privilegien und seine Liebe in vollen Zügen, während ihr ihre tat-sächlichen Pflichten egal sind.
Rumms
Euer Hoheit.
Seid gegrüßt, Euer Hoheit, Son-ne des Kaiser-reiches.
Stapf
Stapf

Batsch
Du ...
Was hast du zu Jiyun gesagt?

Dass dir die Position als Kaiserin zustehen würde?
Nein, Euer Hoheit.
Warum weint Jiyun dann und sagt, ich solle zu dir gehen?
Weil ...
Natürlich ... habe ich es ihr missgönnt und mein Herz war gebrochen.
Aber seit sie erschienen ist, habe ich dich niemals als den Meinen betrachtet.
Nein, selbst bevor sie erschienen ist, warst du kein einziges Mal freundlich zu mir.
Also wie könnte ich ausgerechnet jetzt ...?
Willst du so sehr meine Frau werden?

Euer Hoheit ...?
Weshalb? Ich weiß, dass es nicht aus Liebe ist.
Eine kaltherzige Frau, die nicht einmal weint, wenn man sie ins Gesicht schlägt, könnte mich niemals lieben.
Und ich weiß auch, dass es nicht für deine Familie ist. Denn die Familie Monique lebt schon jetzt im Überfluss.
Ist es deine Absicht, zum Wohle eurer politischen Fraktion den zukünftigen Kaiser zu gebären?
Nein!!
Auch wenn ich von dir keine Liebe erhalte, so liebe ich dich. Und ich möchte dich nur bei deinen Aufgaben unterstützen!
Niemals, nicht ein einziges Mal, habe ich daran gedacht, dies für meine Familie oder unsere Fraktion zu tun!

Zieh dich aus!
Warum so überrascht? Ist es nicht das, was du wolltest?

Wenn du so sehr meine Frau werden willst, gebe ich dir, wonach du verlangst!

Aristia la Monique

Die gefallene Kaiserin

Euer Hoheit!
Bamm
Seid bitte nicht so!!
Bitte, euer Hoheit!
Warum tust du jetzt so, als hättest du Skrupel?
Wolltest du nicht genau das hier?
Was soll das, wenn du es willst ...?
Oh ... Da fällt mir ein, letztens ...

Ist das wahr? All die Zeit hat der Kaiser ...?
Ja, er war angeblich nicht ein einziges Mal im Schlafgemach der Kaiserin.
Es heißt, dass die Kaiserin ihn nicht hineinlassen würde.
Wenn das stimmt, was sie da gesagt haben ...
Wenn ich ihn jetzt akzeptiere ...
Wird er dann wenigstens ein bisschen an mich denken?
Wenn ich vielleicht sogar sein Kind bekäme ...
Würde er mich dann beachten?
...
Selbst wenn ich nicht die Kaiserin bin, bin ich auch keine bloße Konkubine. Ich bin Eure zweite Gemahlin.
Ich ziehe mich selbst aus, also respektiert das bitte!

Ha!
Meine Gemahlin? Keine bloße Konkubine?
Mach dir nichts vor!
Zerr
Du bedeutest mir nichts.
Ich habe mir zwar vorgestellt, irgendwann mit dir zusammen zu sein ...
... aber das war nie auf diese Art und Weise.

Rumms
Aah!
Ritsch
Euer Hoheit! Wartet ...!
Ich gebe dir, was du willst. Also sei brav!

Zwei Monate danach wurde ein prächtiges Bankett veranstaltet.
Zur Feier des einjährigen Jubiläums von Jiyuns Ankunft im Kaiserreich Castina.

Jiyun, schlussendlich hat sie ...
Tia ... Es tut mir leid.
Ich liebe Ruve inzwischen.
Ich habe an dich gedacht und seine Bemühungen um mich nicht akzeptiert ...
... aber es ist unmöglich, ihn nicht zu lieben, wenn er mich so zärtlich im Arm hält.
Nach der nächsten Feier werde ich ihn akzeptieren.
Aber ich werde dich mein ganzes Leben wie eine kleine Schwester wertschätzen!!
Lass uns wie richtige Schwestern sein! Ja?

Wenn sie ihn endlich akzeptieren wird ...
Wird dann auch meine endlose Sehnsucht nach ihm etwas nachlassen?
Was für eine Frau bin ich denn bloß?
Am Ende kann ich ihn nicht einmal verabscheuen.
Selbst wenn ich jedes Mal verletzt und von ihm missachtet werde ...
... verzehre ich mich so sehr nach seiner Liebe.
Ich bin wirklich völlig ratlos ...
Uugh

Warum ist mir plötzlich übel? Habe ich mir den Magen verdorben?
Euer Hoheit, geht es Euch nicht gut? Ihr seht blass aus.
Ach, schon in Ordnung.
Mir war kurz unwohl ...
Schwank
Uugh!
Ich habe gar nichts gegessen. Warum fühle ich mich so ...?!!
Mein Magen scheint total verkrampft! Mir ist kotzübel!!

Tuschel
Tuschel
Tuschel
Tuschel
Was haben sie? Wieso schauen sie mich so an ...?
Stimmt etwas nicht?
Plapper
Plapper
Tuschel
Tuschel

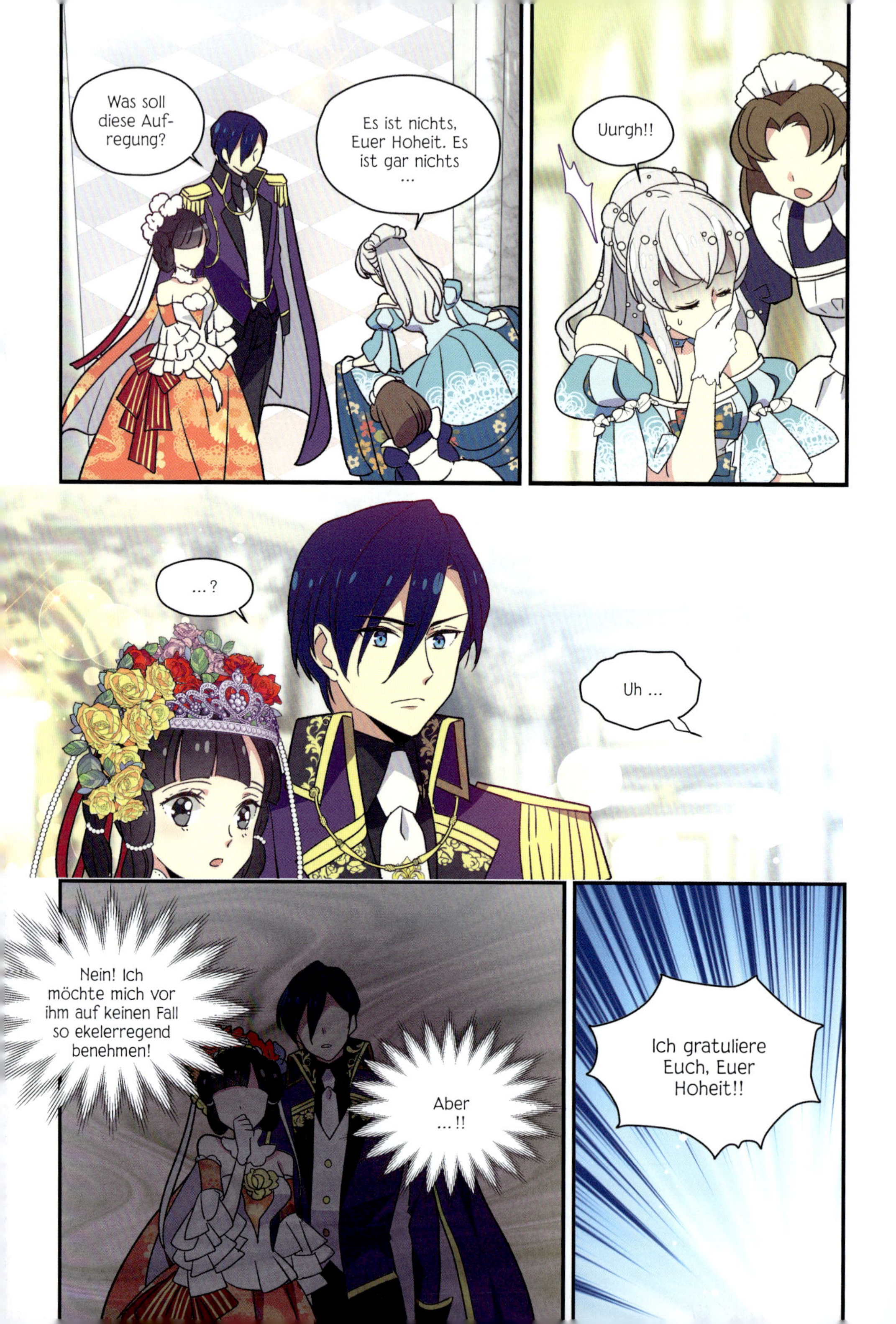
Was soll diese Auf-regung?
Es ist nichts, Euer Hoheit. Es ist gar nichts ...
Uurgh!!
...?
Uh ...
Nein! Ich möchte mich vor ihm auf keinen Fall so ekelerregend benehmen!
Aber ...!!
Ich gratuliere Euch, Euer Hoheit!!

Was meint Ihr damit, Herzog Rass?
Es ist zwar noch nicht sicher, aber offenbar ist Eure Gemahlin schwanger.
Wenn dem so ist, ist es ein freudiges Ereignis für das Kaiserreich und das Kaiserhaus. Dazu kann man Euch nur gratulieren.
Raun
Schwanger?
Obwohl es eine Kaiserin gibt, ist sie vor ihr schwanger ...
Ist das dann vielleicht ...?
Ich ...
... könnte ... ein Kind ...?

Und das ausgerechnet von ihm ...
Nein!!
Wusch
Jiyun?!
Jiyun! Alles in Ordnung?
Euer Hoheit!!

Jiyun.
Komm, steh auf!
Hört mich an, Gemahlin!
!!
Dass ich an diesem Jubiläumstag von Eurer Schwangerschaft erfahre ...
... was könnte ein freudigeres Ereignis sein?
Diese freundliche Stimme ... !!

Ich bin wirklich glücklich.
Das meint er nicht ernst ...! Er schaut mich so kalt an!!
Herzlichen Glückwunsch, Eure Kaiserliche Hoheit!!
Alles Gute der kaiserlichen Gemahlin!!
Herzlichen Glückwunsch!

Es geht Euch offenbar nicht gut. Wäre es nicht besser, wenn Ihr geht und Euch ausruht?
Ja, Euer Hoheit ... Dann werde ich mich zurückziehen.
Es wäre wohl angebracht, Euch nach draußen zu geleiten, aber der Ehrengast sollte seinen Platz nicht verlassen.
Ich werde einen Palastarzt zu Euch schicken und Euch später aufsuchen.
Erholt Euch gut!
Das war ein eindeutiger Rauswurf ...
Ich danke Euch, Euer Hoheit.

Ihr solltet Euch jetzt vor allem immer gut ausruhen.
Tee hilft Eurer Verdauung und Ihr werdet Euch rasch besser fühlen.
Ich bin also wirklich schwanger.
Ich dachte, ich wäre einfach nur schlapp, weil ich in letzter Zeit zu viel gearbeitet habe.
Heißt das … hier in mir drin ist ein Kind?
Ich hatte einmal einen Traum.

Dass er, egal wie sehr er mich auch hasst und verabscheut ...
... mich vielleicht ein bisschen beachten würde, wenn es ein Kind gäbe.
Was für ein alberner und absurder Traum.
Weil er der einzige Sohn des früheren Kaisers ist, war er wohl wie ich immer einsam.
Aber in Wirklichkeit ...
»Ich werde Euch später aufsuchen.«
Ich bin wirklich dumm.
Obwohl ich doch genau wusste, dass er das nur gesagt hat, um sein Gesicht zu wahren ...
... hatte ich schon wieder Hoffnung und habe auf ihn gewartet.

Prassel
Seit diesem Bankett sind drei Wochen vergangen ...
... und er hat mich kein einziges Mal besucht.
Heute ... hat er mich endlich zu sich gerufen.
Allein das macht mich glücklich, aber ...
Uurgh ...
Ausgerechnet heute fühle ich mich so schlecht ... Mir ist schwindelig.

Ich bin besorgt, weil es mir so oft nicht gut geht.
Liegt es vielleicht am Regen?
Prassel
Euer Hoheit. Die Königin ist eingetroffen.
Ich grüße Euch, Euer Hoheit, Sonne des Kaiserreiches.
Ich will nicht lange mit dir sprechen, also werde ich mich kurzfassen.
Fwwt

...
Ich bezweifle nicht, dass das Kind in deinem Bauch von mir ist.
Du hast so viel Stolz, dass du so etwas nicht tun würdest.
Reiß dich zusammen! Zeig ihm nicht, wie verwirrt du bist.
Das würde ihm nicht gefallen.
Aber sei dir einer Sache bewusst!
Meinen Nachfolger ...
... werde ich aus den Kindern wählen, die die Kaiserin zur Welt bringt.

Egal wie viele Kinder du auch haben wirst und egal wie schlau sie auch sein mögen.
Sie werden niemals meine Nachfolge antreten können. Hast du verstanden?
Er klingt so schrecklich kaltherzig ... Das geht mir durch Mark und Bein ...
Warum antwortest du nicht? Ich habe dich gefragt, ob du mich verstanden hast.
Wieso hasst er mich so sehr ...? Mein Herz schmerzt ...
Ja ... Ich werde daran denken ...
Schwindel
!!
Schwank
Ah ...!

Oh ...
Dieser Gesichtsausdruck ... Ich glaube, den sehe ich zum ersten Mal ...
Ruve!
Ich war das Warten leid und dachte, ich komme vorbei!
Heute ...
... ist ...
...

Was macht ihr da?
Jiyun, das ...
Ihr ... Wie könnt ihr mir das antun ...?!
Jiyun, du irrst dich.
Warte! Jiyun!!
Vergiss es!!
Hör mir doch zu! Jiyun!
Wusch

Rumms
Aaah!!
Aristia?!
A...?
Argh ... Mein Bauch ...
Mein Bauch, er ...!!
Als würde ich auseinandergerissen werden!

Es tut so weh ...!
Es tut so schrecklich weh ...!
Hallo?! Ist hier niemand?!
Ruft sofort einen Palastarzt! Los!!
Warum ...? Das passt nicht zu ihm ...
Er ... Warum ist er so außer sich?
Wie kann das sein ...?

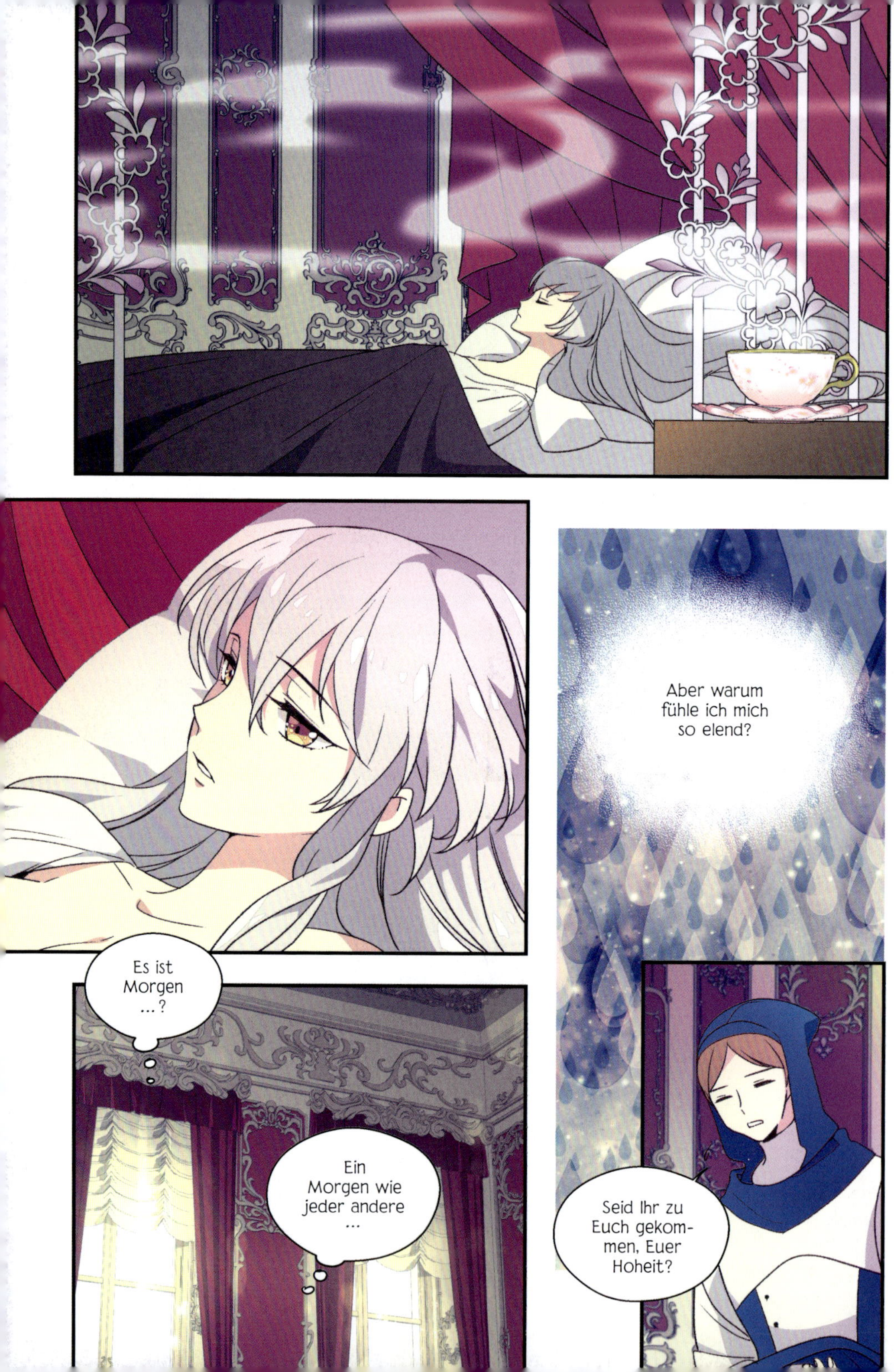
Es ist Morgen ...?
Ein Morgen wie jeder andere ...
Aber warum fühle ich mich so elend?
Seid Ihr zu Euch gekommen, Euer Hoheit?

Hnng
Habe ich
...
...
mein Kind
verloren?
Es tut
mir leid, Euer
Hoheit
...
Gnng
Also ist
es wahr
...

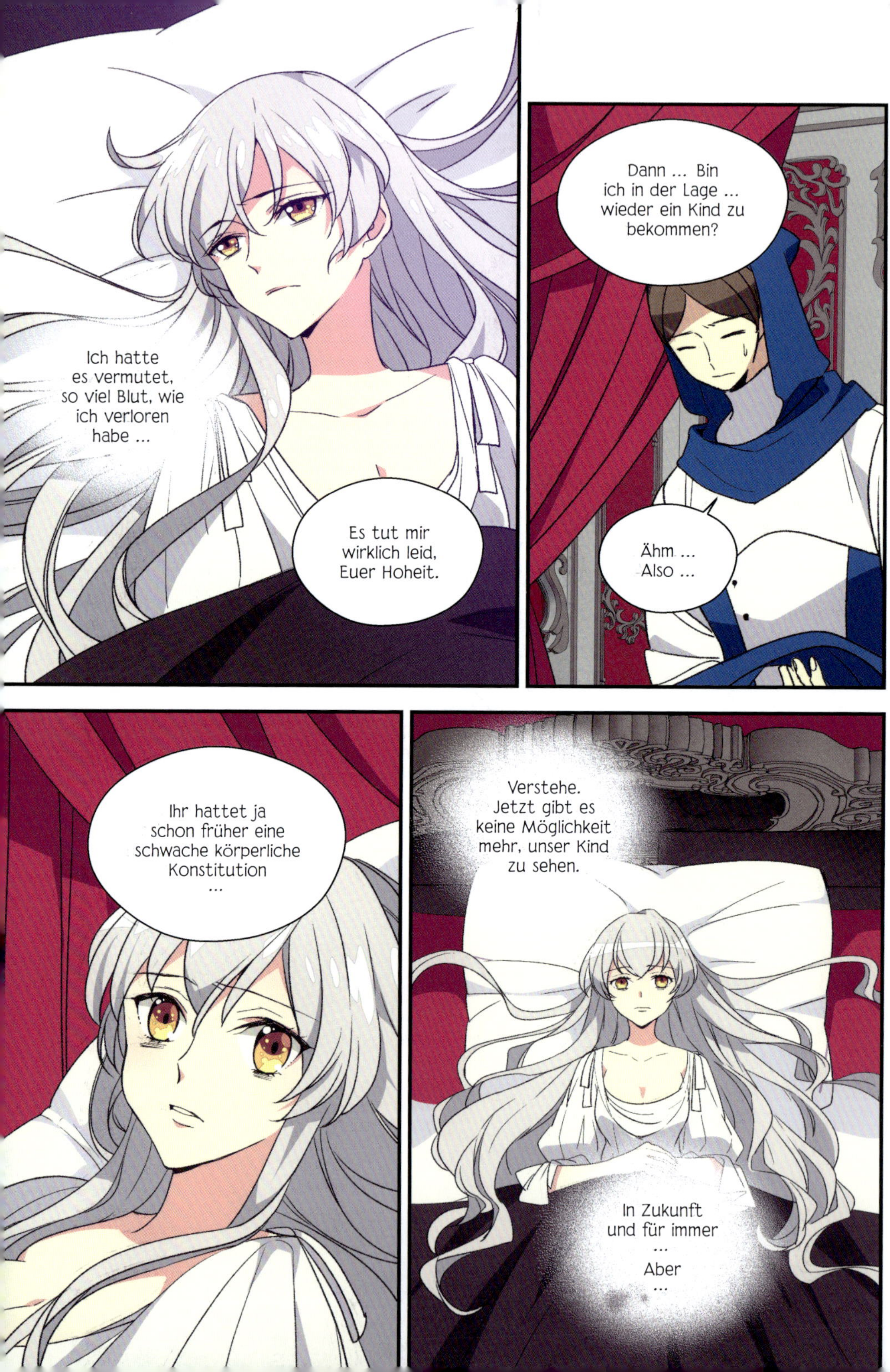
Ich hatte es vermutet, so viel Blut, wie ich verloren habe ...
Es tut mir wirklich leid, Euer Hoheit.
Dann ... Bin ich in der Lage ... wieder ein Kind zu bekommen?
Ähm ... Also ...
Ihr hattet ja schon früher eine schwache körperliche Konstitution ...
Verstehe. Jetzt gibt es keine Möglichkeit mehr, unser Kind zu sehen.
In Zukunft und für immer ...
Aber ...

Kümmert euch um sie!
Jiyun! Warte! Nur kurz ...!
Vielleicht ist es sogar besser ... wenn so eine boshafte Frau wie ich kein Kind hat.
Denn selbst jetzt, in diesem Moment ... schmerzt sein abgewandter Rücken mehr als das verlorene Kind.
So eine Frau wie ich ist genauso kaltherzig ...
... wie es seine Worte waren.

Obwohl es ihr so schlecht geht, ist ihr Vater, der Marquis Monique, noch nicht vorbeigekommen. Er ist immer nur beim Ritterorden.
Nun, natürlich. Die Familie Monique war dem Kaiserhaus schon immer absolut treu ergeben.
Selbst den erniedrigenden Befehl, ihre Tochter, die ursprünglich als Kaiserin erzogen wurde, als zweite Kaisergemahlin zu schicken, haben sie klaglos befolgt.
Ist ihnen ihre Tochter etwa egal?
Und schau dir an, wie gefasst sie ist, obwohl sie ihr Kind verloren hat.
In den Adern dieser Familie fließt offenbar wirklich eisiges Blut.
Seitdem sind einige Tage oder auch Wochen vergangen.
Doch bevor mein Körper wieder zu Kräften kommen konnte, erwartete mich schon der nächste Albtraum.

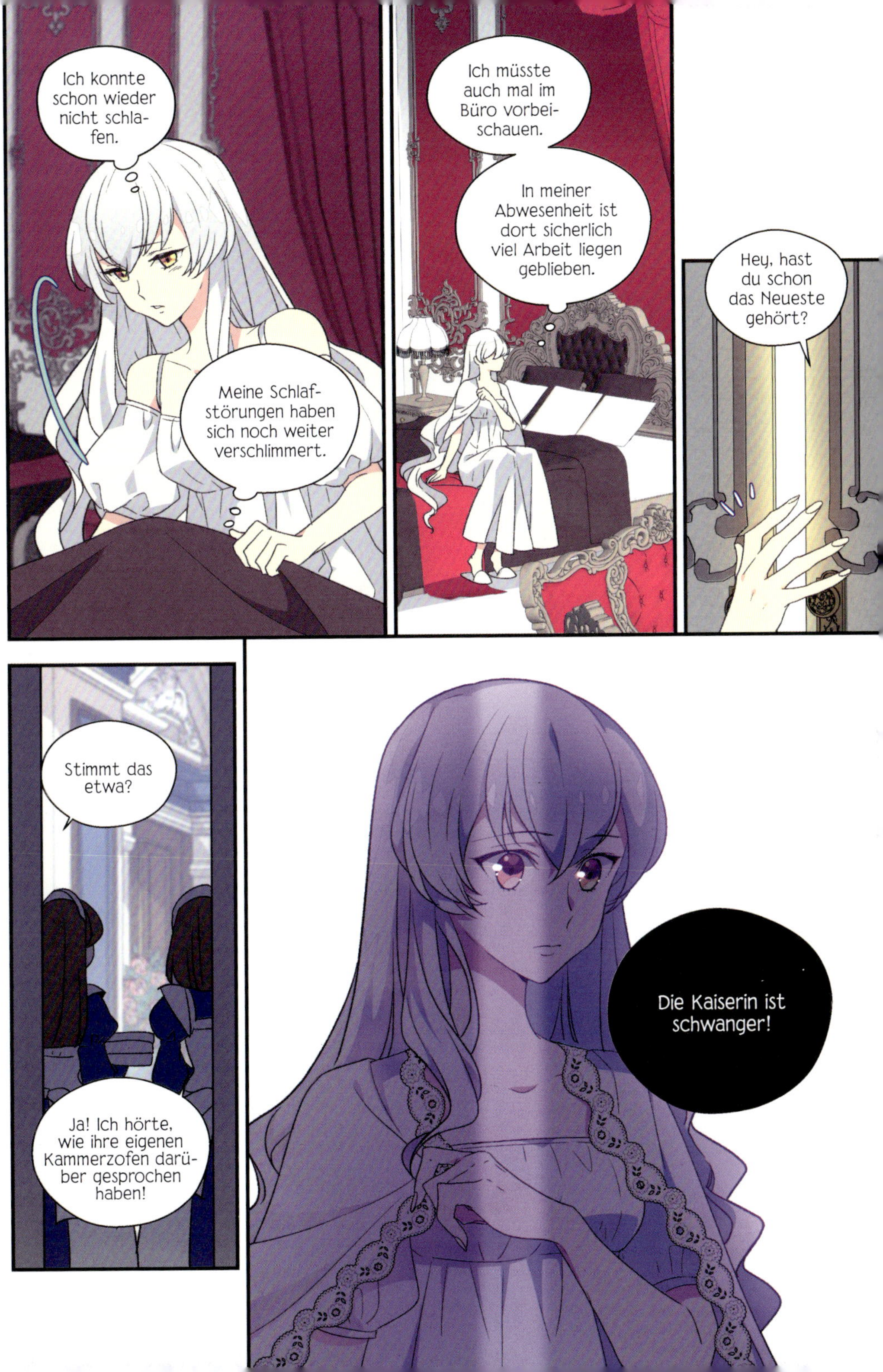
Ich konnte schon wieder nicht schla-fen.
Meine Schlaf-störungen haben sich noch weiter verschlimmert.
Ich müsste auch mal im Büro vorbei-schauen.
In meiner Abwesenheit ist dort sicherlich viel Arbeit liegen geblieben.
Hey, hast du schon das Neueste gehört?
Stimmt das etwa?
Ja! Ich hörte, wie ihre eigenen Kammerzofen darü-ber gesprochen haben!
Die Kaiserin ist schwanger!

Jiyun ... ist schwanger ?!
Sie meinten, der Kaiser freut sich von ganzem Herzen!
Er will offenbar bald ein großes Fest veranstalten und an alle Bürger im Kaiserreich Geschenke verteilen!
Auch im Tempel halten sie Gebete ab, um die Schwangerschaft des Kindes der Prophezeiung zu segnen!
Niemand hat sich gefreut.
Als ich schwanger wurde ...
... gab es überhaupt nichts ...
Großartig! Endlich wird der Nachfolger des Reiches geboren!!
Ha ...

Ha ha ha ha ha ha ha!
Niemand.
Euer Hoheit!
Euer Hoheit! Wir wollten nicht ...
Ha ha ha ha ha
Schwanger! Sie ist schwanger!
Kicher
Das heißt, Ji-yun erwartet ein Kind!
Ha ha

Ha ha ha ha ha ha!
Euer Hoheit! Bitte beruhigt Euch!
Rumms
Euer Hoheit?! Was ist passiert?!
Marquis Monique!
Du bist gekommen, Vater?
Bist du auch hier, um der Kaiserin zu ihrer Schwangerschaft zu gratulieren?
Ich werde nie Kinder bekommen können, aber sie ist schwanger. Was soll das?
Hi hi
Hi hi
Was für eine lustige Geschichte! Findest du nicht auch, Vater?
Ha ha ha ha ha ... Ha ha ha!

Bitte komm wieder zur Vernunft!!
Aristia!!
Zuck
Oh ...
Ich ... Was habe ich getan ...?
Es tut mir leid, dass du mich so sehen musstest, Vater.
Was mache ich hier für ein Theater? Ich bin doch so geübt darin, meine Gefühle zu kontrollieren ...

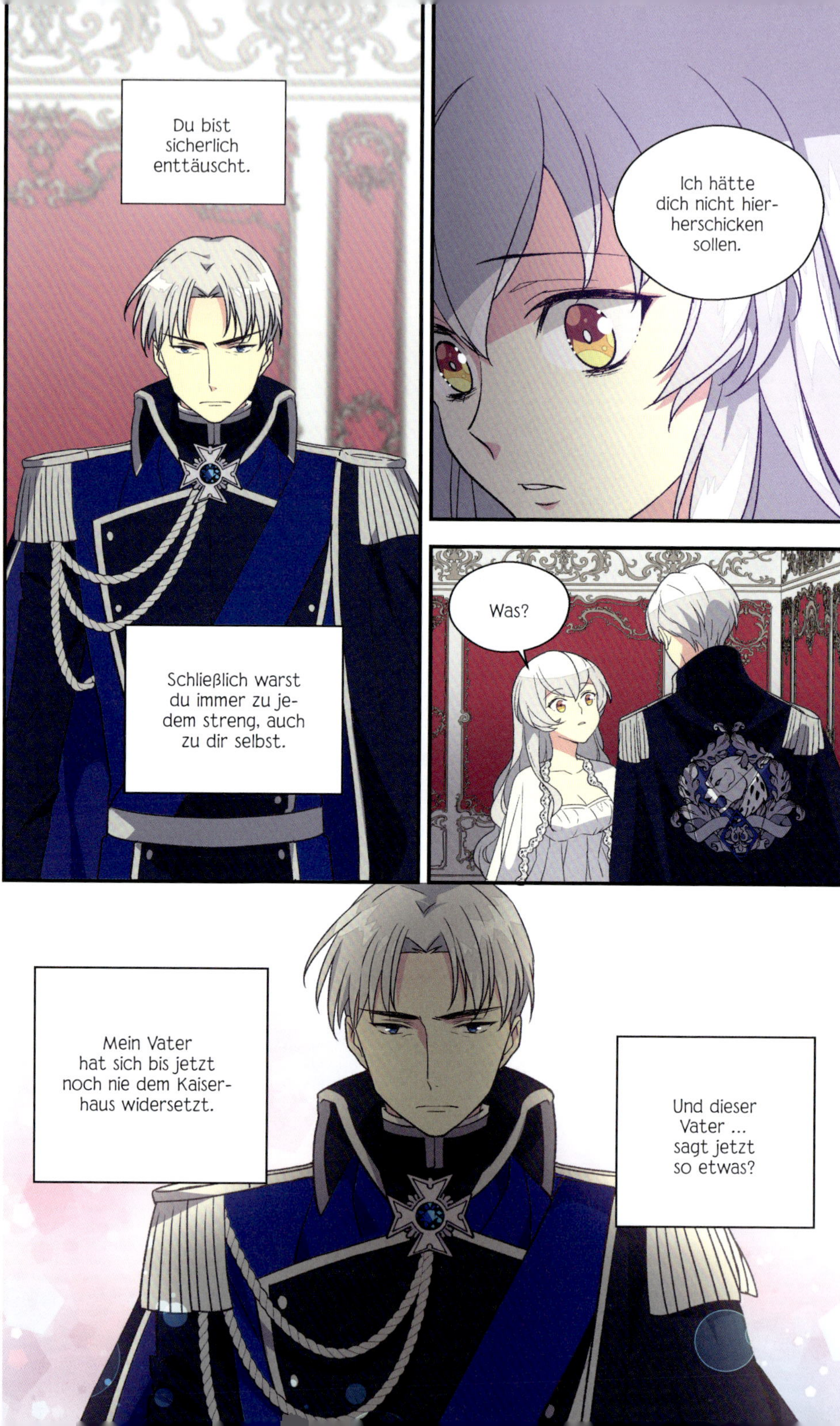
Du bist sicherlich enttäuscht.
Ich hätte dich nicht hierherschicken sollen.
Schließlich warst du immer zu jedem streng, auch zu dir selbst.
Was?
Mein Vater hat sich bis jetzt noch nie dem Kaiserhaus widersetzt.
Und dieser Vater … sagt jetzt so etwas?

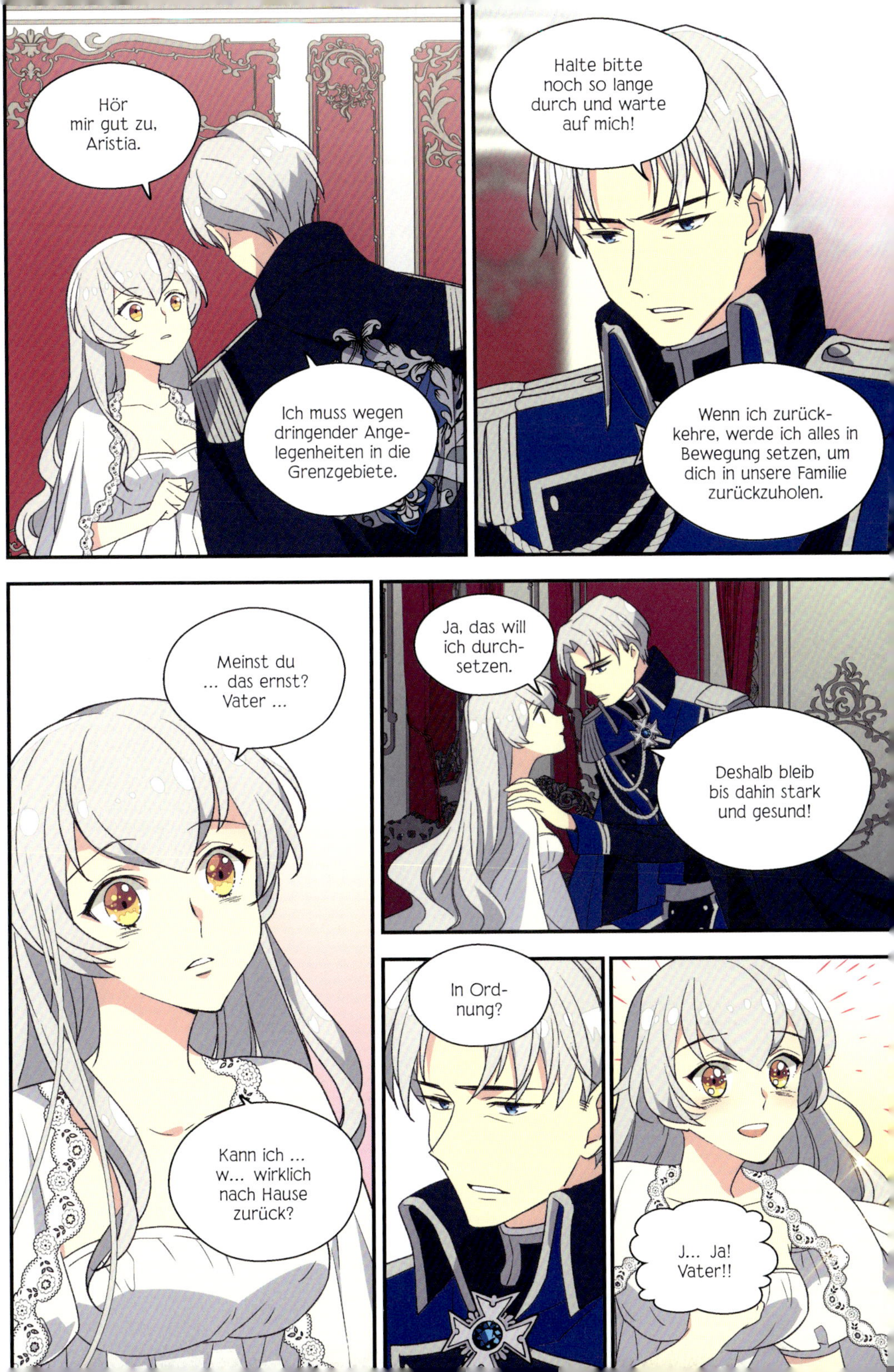
Hör mir gut zu, Aristia.
Ich muss wegen dringender Angelegenheiten in die Grenzgebiete.
Halte bitte noch so lange durch und warte auf mich!
Wenn ich zurückkehre, werde ich alles in Bewegung setzen, um dich in unsere Familie zurückzuholen.
Meinst du ... das ernst? Vater ...
Kann ich ... w... wirklich nach Hause zurück?
Ja, das will ich durchsetzen.
Deshalb bleib bis dahin stark und gesund!
In Ordnung?
J... Ja! Vater!!

Also dann.
Vater ...!
Dass mein sonst immer gefasster Vater so um mich besorgt ist! Das ist ...!
Aber ... Warum habe ich so ein ungutes Gefühl?
Vater ... Irgendwie scheint er weit weg zu sein.
Sollte ich ihn einfach festhalten und ihm sagen, dass er nicht weggehen soll?
Nein. Er wird bald wiederkommen.
Denn er ist jemand, der sein Versprechen auf jeden Fall hält.
Wenn er zurückkehrt, muss ich es ihn unbedingt fragen.

Ob ich ihm nicht doch wichtiger bin …
… auch wenn sein ganzes Leben lang das Kaiserreich und das Kaiserhaus Priorität hatten.
Ich werde ihn auf alle Fälle fragen. Und dann …
Derweil …
… wurde Jiyun bei einem Ausflug außerhalb des Palastes von maskierten Unbekannten angegriffen.
Wer seid ihr?!
Wer schickt euch?!!
Kyaaah!!
Euer Hoheit!!!
Dies geschah vier Tage später.

Aristia la Monique

Die gefallene Kaiserin

Euer Hoheit! Etwas Schreckliches ist passiert!
Wusch
Der Marquis Monique wurde wegen Hochverrats festgenommen!
Was? Mein Vater?!
Jiyun war auf dem Weg in die Stadt, als sie von mysteriösen Unbekannten angegriffen wurde und ihr Kind verlor.
Mein Vater wurde als Drahtzieher dahinter verdächtigt und am nächsten Tag verhaftet.
Das kann nicht sein!!
Mein Vater ist ein loyaler Anhänger des Kaiserhauses. Er würde so etwas niemals tun!

Euer Hoheit! Bitte verschont meinen Vater!
Ich bitte Euch inständig!!
Ich soll ihn begnadigen, obwohl er die Kaiserin töten wollte?
Da muss ein Missverständnis vorliegen!
Mein Vater würde so etwas niemals tun!
Meine Familie hat dem Kaiserhaus all die Jahre ergeben gedient.
Bitte verschont zumindest sein Leben ...!
Ach ja?

Knie nieder!
Was ...?
Du willst also deinen Vater retten?
Geh vor mir auf die Knie und verbeug dich bis zum Boden!
Wenn du mir auch die Schuhe lecken kannst, werde ich deinen Vater verschonen.
Was ist? Kannst du das nicht tun?
Ich ...

Ich bin als zukünftige Kaiserin, als Gefährtin des Kaisers aufgewachsen.
Ich sollte auf dem einzigen Platz, der ihm ebenbürtig ist, mit ihm zusammen die Welt regieren. So wurde ich erzogen.
Deshalb habe ich mehr Stolz als jede andere.
Auch mehr als dieses Mädchen aus der Prophezeiung.
Mein Vater würde sicherlich nicht wollen, dass ich mich so erniedrige.
Schließlich bin ich ein Mitglied der kaiserlichen Familie.
Aber ...

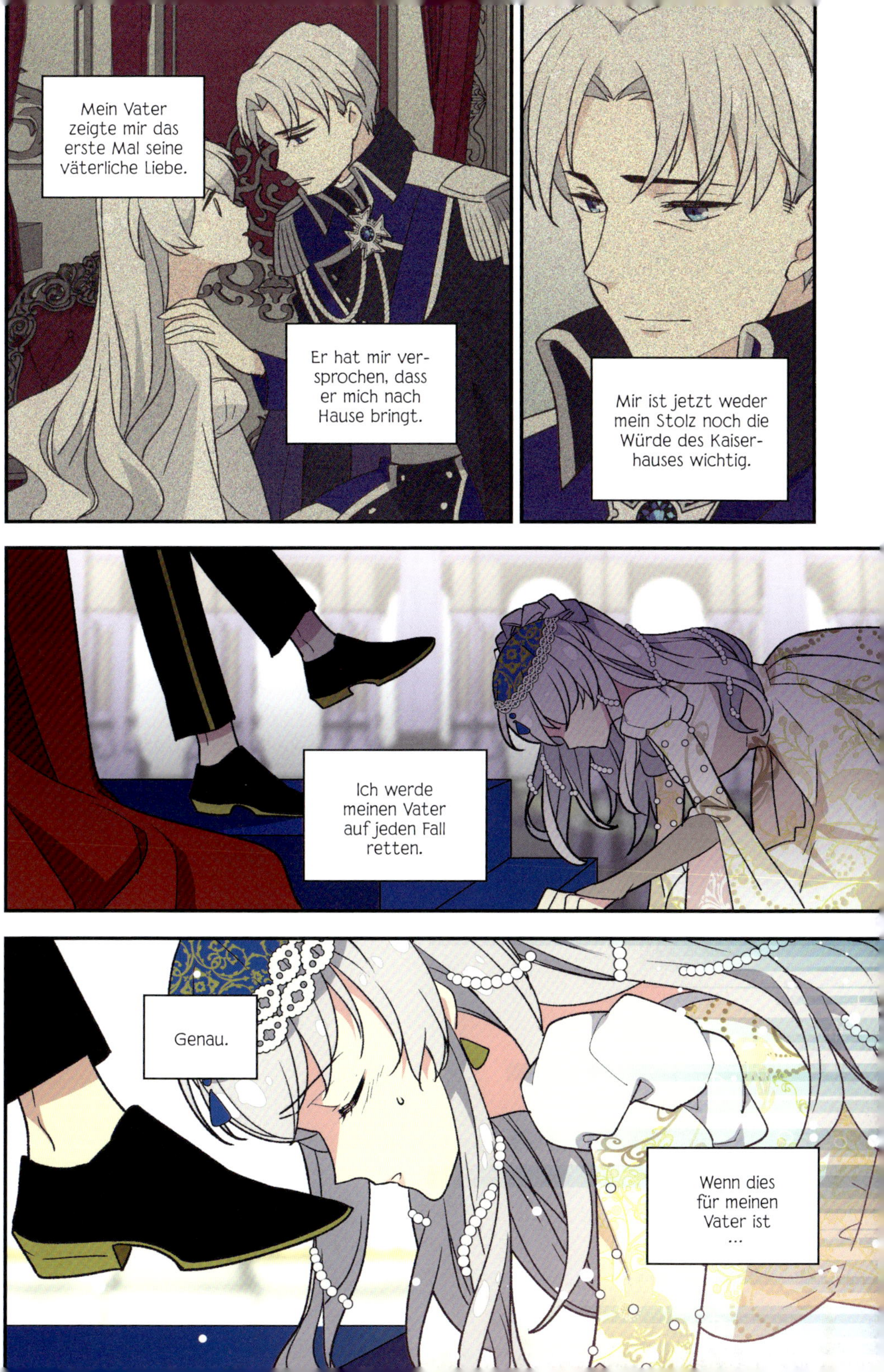
Mein Vater zeigte mir das erste Mal seine väterliche Liebe.
Er hat mir versprochen, dass er mich nach Hause bringt.
Mir ist jetzt weder mein Stolz noch die Würde des Kaiserhauses wichtig.
Ich werde meinen Vater auf jeden Fall retten.
Genau.
Wenn dies für meinen Vater ist
...

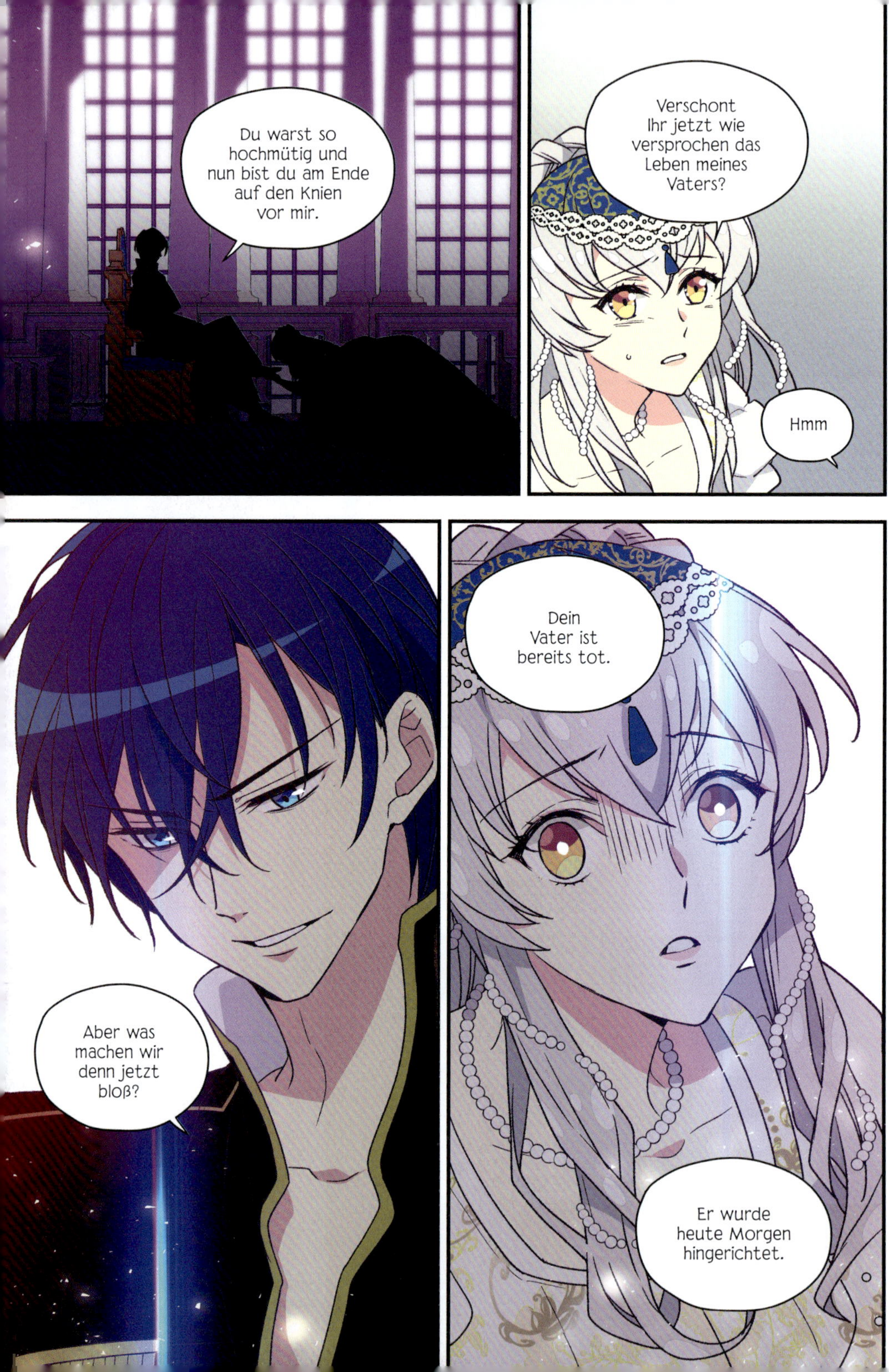
Du warst so hochmütig und nun bist du am Ende auf den Knien vor mir.
Verschont Ihr jetzt wie versprochen das Leben meines Vaters?
Hmm
Dein Vater ist bereits tot.
Aber was machen wir denn jetzt bloß?
Er wurde heute Morgen hingerichtet.

Als er von mir wegging ...
... habe ich meinen Vater also das letzte Mal gesehen?!
Du bist unerwartet naiv.
Dachtest du, ich würde jemanden verschonen ...
... der mein Kind getötet und Jiyun verletzt hat?

Ich hatte sie mir bisher nicht gewünscht und nicht erträumt. Aber in diesem letzten Moment war sie meine einzige Hoffnung.
Die Liebe meines Vaters. Ich glaubte, dass ich sie bekommen könnte ...
Jetzt werde ich es niemals sicher wissen.
Mein Vater soll Euer Kind getötet haben ...?
Was ist dann mit Euch ...?
Ihr habt mir alles weggenommen! Ihr habt mein Kind getötet und mir nichts gelassen. Was ist mit Euch ...?

Wie kann
jemand wie
Ihr ... ?!!
Was ... ?
Wie könnt Ihr
es wagen?!!

Fump
Tropf
Tropf
Urgh ... !
Euer Hoheit!!
Wusch
Hoheit! Ihr seid verletzt ... !
Beeilt euch! Ruft den Palastarzt!!
Wachen, nehmt sofort die Königin in Gewahrsam!

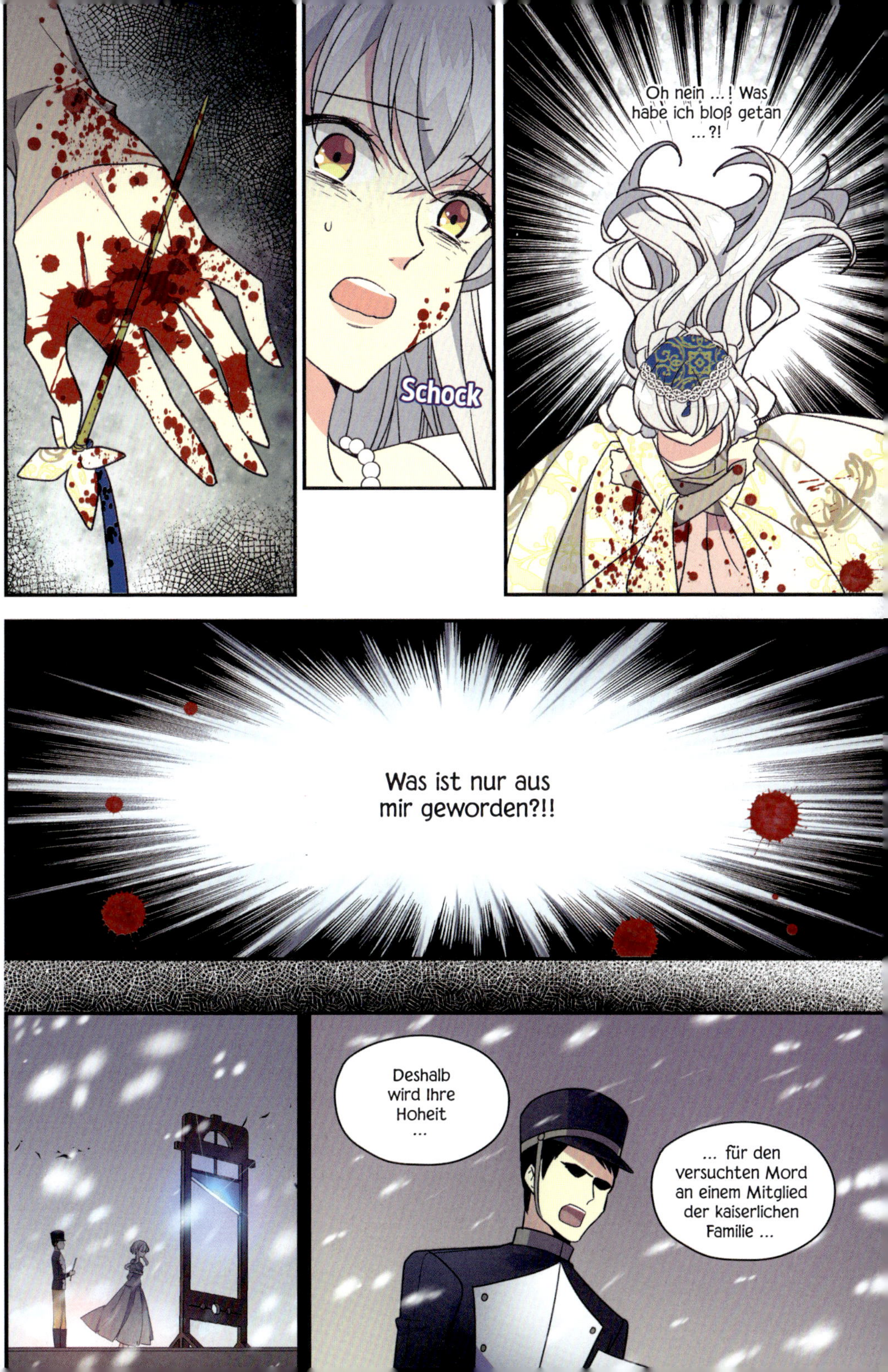
Schock
Oh nein ...! Was habe ich bloß getan ...?!
Was ist nur aus mir geworden?!!
Deshalb wird Ihre Hoheit ...
... für den versuchten Mord an einem Mitglied der kaiserlichen Familie ...

... mit dem Tod durch Enthauptung bestraft.
...!!

Wenn ich doch nur mein Leben ein weiteres Mal beginnen könnte.
Ich würde dich nicht noch einmal ... lie...
Zosch

Aristia la Monique

Die gefallene Kaiserin

Du hast mein Interesse geweckt.
Der Weg, den du gehst, ist bald dein Schicksal.
Und was du möchtest, wird bald dein Weg sein.

Dein Name steht für jemanden, der sein Schicksal selbst gestaltet.
Und dein Name ist ...

Diese Zimmerdecke ist mir vertraut ...
Ein silberner Schild ... ? Das Wappen meiner Familie ...
Warum sind diese Dinge hier ... ?
Das ist seltsam ...
Das ist ja fast so ...

Fast
so wie
...!
Ratsch
...
das Herren-
haus der Familie
Monique!!

Was ist passiert? Ich habe mein Elternhaus mit 16 verlassen. Warum bin ich jetzt hier …?
Seid Ihr aufgewacht?
Guten Morgen, Fräulein.
Lina?! Wie ist das bloß …?!
Oha, Fräulein.
Euer Haar ist ganz durcheinander.
Schlaft Ihr immer noch unruhig, obwohl Ihr schon 10 Jahre alt seid?
Was?!

10 Jahre alt?!
Swusch
Das ist nicht möglich! Ich wurde doch wegen Hochverrats geköpft …
Lina! Was ist mit meinem Vater?!
Oh nein, Vater!!
Was? Euer Vater ist um diese Zeit immer auf dem Trainingsplatz …
Oh, Fräulein!
Tapp
Ihr seid noch im Nachthemd!!
Guten Morgen, Fräulein …
Wohin wollt Ihr so eilig …
Ich muss es überprüfen …!
Ich muss nachsehen, ob mein Vater unverletzt ist!
Aah … Bitte! Ist das hier ein Traum oder die Wirklichkeit …?

Ich muss schnell zu meinem Vater ...
Vater!!
Hah
Hah
Tia?
Für meinen Vater hatte immer das Kaiser-reich Priorität ...
... und er war dem Kaiserhaus treu ergeben.
Aber in seinen letzten Momenten hat er mich über das Kaiserreich gestellt.

Schwupp
Papa!!
Er ist am Leben!!
Papa!!
Papa ...
Ich bin so erleichtert!
...
Papa ...
Schnief
Schnief
Patt
Patt
Schnief
Schnief
Schluchz
Schluchz
Schnief
Schnief
Puh, ich war so über-rascht.

Dass Ihr als Tochter des Marquis in Eurem Nachthemd durch die Gegend rennt ...!
Das glaubt mir keiner, der es nicht gesehen hat!
Hattet Ihr einen Albtraum?
War es ... ein Albtraum? Aber es fühlte sich so echt an.
Jetzt fängt bald Euer Unterricht zur Kaiserin an.
Lina hat ebenfalls geheiratet, als ich in den Palast gezogen bin.
Sie sieht jünger aus als damals.
Und auch ich ...
Hm ...?
Euer Vater sah ebenfalls mehr als überrascht aus.
Ihr wart immer so manierlich, aber jetzt seid Ihr in Tränen ausgebrochen.

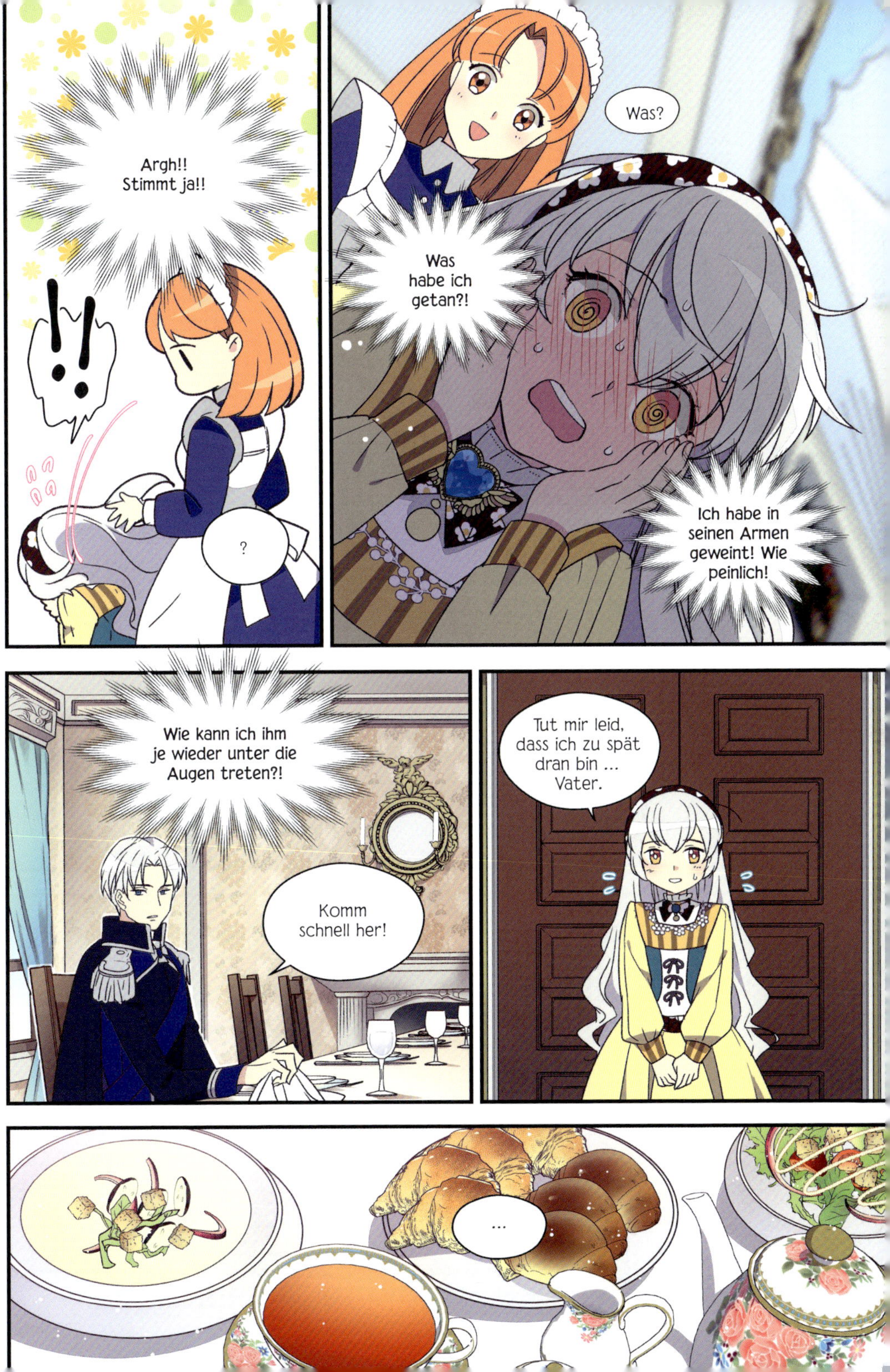
Argh!!
Stimmt ja!!
!!
?
Was?
Was habe ich getan?!
Ich habe in seinen Armen geweint! Wie peinlich!
Wie kann ich ihm je wieder unter die Augen treten?!
Tut mir leid, dass ich zu spät dran bin ... Vater.
Komm schnell her!
...

Argh, wie unangenehm ...
Aber ...
Vaters Gesichtsausdruck ist ein bisschen seltsam.
Gefällt ihm irgendetwas nicht?
Vielleicht ist er wegen meines unhöflichen Verhaltens heute Morgen verärgert.
Ähm ... Vater.
Zuck
Geht es dir irgendwie ...
... nicht gut ...?
Hä?
Habe ich mich getäuscht? Jetzt ...
Das ist es nicht.

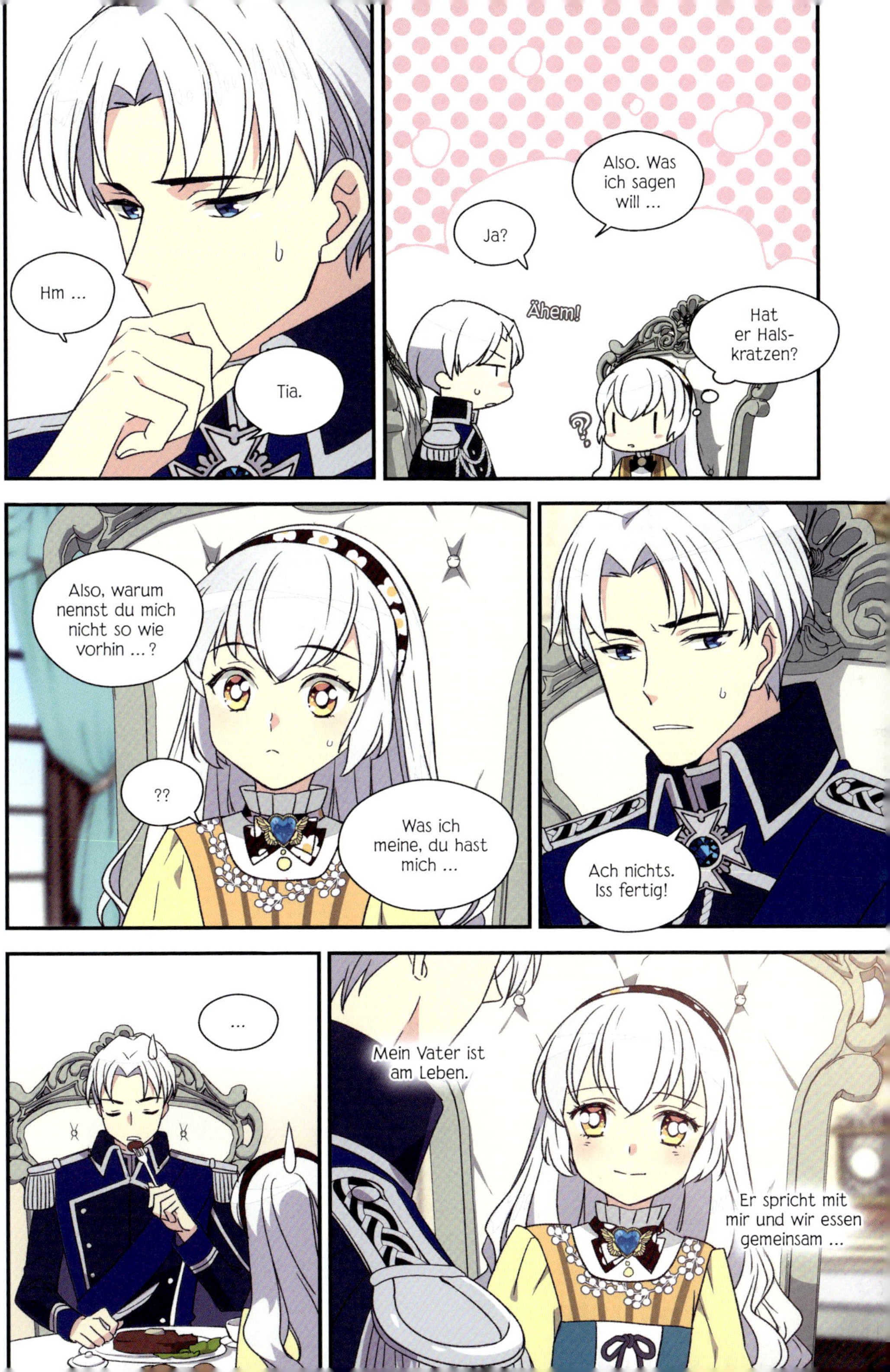
Hm ...
Tia.
Ja?
Also. Was ich sagen will ...
Ähem!
Hat er Hals-kratzen?
Also, warum nennst du mich nicht so wie vorhin ...?
??
Was ich meine, du hast mich ...
Ach nichts. Iss fertig!
...
Mein Vater ist am Leben.
Er spricht mit mir und wir essen gemeinsam ...

Wenn das ein Traum ist ... ist es ein überaus glücklicher Traum.
Ich will nicht aufwachen.
Selbst wenn ich mein ganzes Leben lang träumen würde ...
Mach dir nichts vor! Du bedeutest mir nichts.
Dein Kind wird auf keinen Fall meine Nachfolge antreten können.
Dein Vater ist tot. Er wurde heute Morgen hingerichtet.
Ha ha ha ha ha

Schwupp
Argh!
Hah
Hah
Hah

Fräulein, es ist bald Zeit für Euren Tee.
Soll ich ihn auf Euer Zimmer bringen?
N... Nein ... Ich komme runter.
Wenn ich mich in meinen grausamen Erinnerungen verliere und dann die Augen öffne ...
Ach ja?
... sind da mein Zuhause und die Menschen, die ich vermisst habe.
Heute gibt es den Baiserkuchen, den Ihr so mögt.
Oh ...?
Ihr seid zu dünn, Fräulein. Ihr solltet mehr essen!
Diese Tage sind schön.

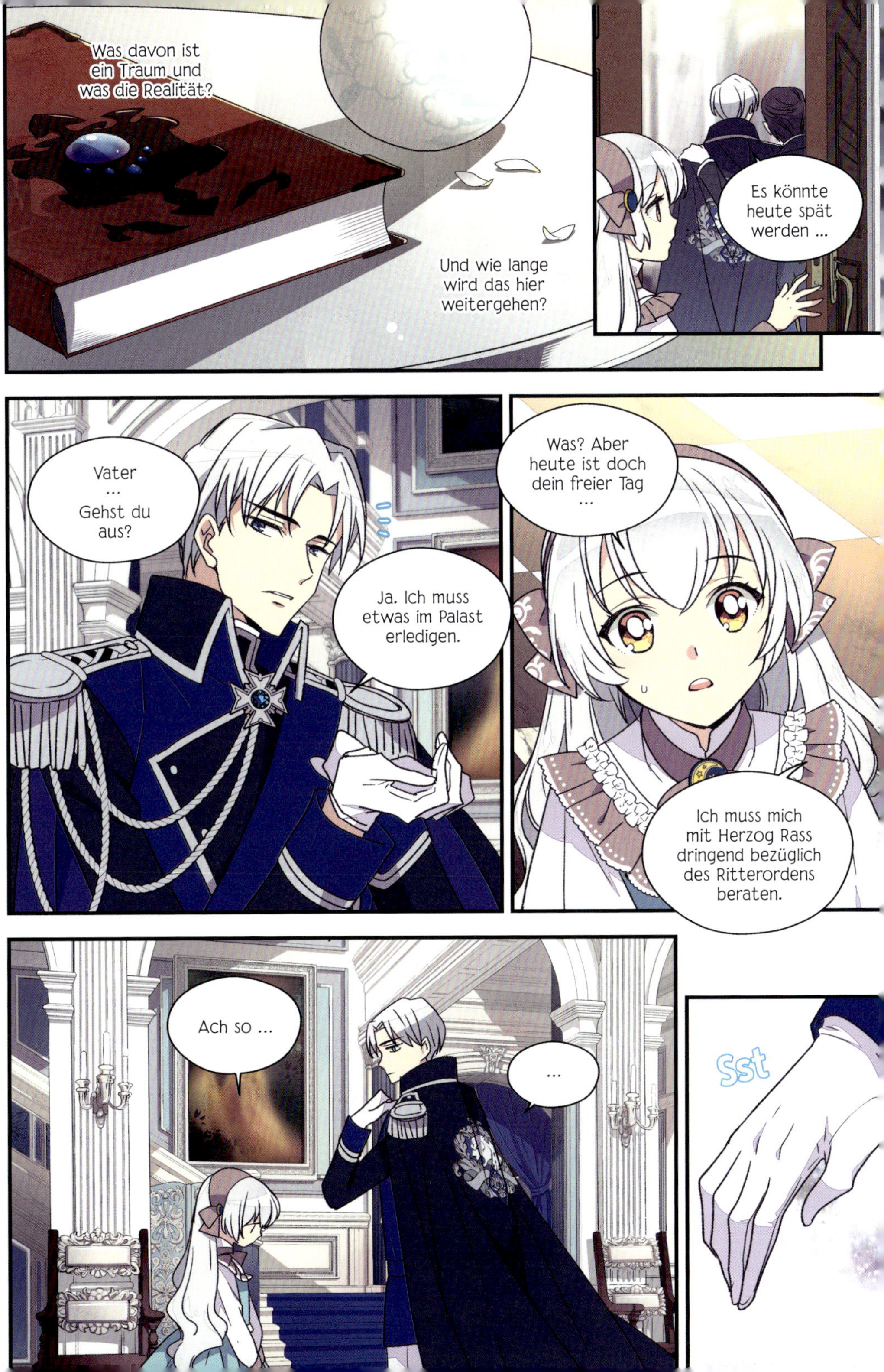
Was davon ist ein Traum und was die Realität?
Und wie lange wird das hier weitergehen?
Es könnte heute spät werden ...
Vater ... Gehst du aus?
Ja. Ich muss etwas im Palast erledigen.
Was? Aber heute ist doch dein freier Tag ...
Ich muss mich mit Herzog Rass dringend bezüglich des Ritterordens beraten.
Ach so ...
...
Sst

Tia, geht es dir vielleicht nicht gut?
Hä ...?
Oder möchtest du mir etwas sagen?
Hast du nicht das letzte Mal plötzlich geweint?
E... Es ist nichts. Ich bin auch nicht krank.
V... Vater.
Ja?
Oh ... Er schaut mich schon wieder so an.

In Ord-
nung, wenn
dem so ist.
Bis nachher,
Vater!
Wirst du mich
jetzt nicht mehr
so nennen?
Hm?
Bis nachher!
Mein Vater und ich
hatten immer ein
kühles Verhältnis,
beschränkt auf die
nötigste Höflichkeit.
Aber jetzt
scheint er völlig
anders zu sein als in
meiner Erinnerung.

Er hat mir so seltsam mit der Hand über den Kopf gestrichen.
Ich spürte durch den Handschuh hindurch seine Wärme.
Ist dies vielleicht ein letzter Traum, den mir die Götter gewährt haben, weil sie Mitleid mit meinem Leben hatten?
Die Götter …
Huch
Genau! Der Tempel der Göttin Vita, der Hauptgöttin im Kaiserreich!
Wenn sie die Prophezeiung ausgesprochen haben, wissen sie vielleicht auch Antworten für mich!
Ich gehe morgen direkt dorthin und finde es heraus!
Dreh
Wälz

Schreck
Schwupp
Hah!!
Es ist so dunkel!
Ich kann nichts sehen!!
Was ist das hier?! Wo bin ich?!!
Im Palast?! Oder ...?!!
Sst

Wer ist da?!
Tia, ich bin es.
Vater ...
Papa! Papa ...!
!
Papa!!
Du hattest einen Albtraum.
Ein Albtraum ... ? Ich weiß nicht mehr, was die Wirklichkeit ist ...!
Doch ich will diese Wärme nicht verlieren ...

Soll ich nicht doch mitkommen?
Ist schon in Ordnung. Du bist schließlich beschäftigt.
Gestern konntest du wieder nicht gut schlafen.
Und jetzt möchtest du alleine zum Tempel gehen ...
Mach dir keine Sorgen!
Ich werde auf mich Acht geben und wohlbehalten wiederkommen.
Vater ...
Er hat gestern Abend wieder meine Hand gehalten, bis ich eingeschlafen war.

Ich kann nicht nachvollziehen, was davon Wirklichkeit ist.
Aber falls diese Erinnerungen ein Traum waren ...
... und es vielleicht so etwas wie ein prophetischer Traum war ...
... könnte es im Tempel dafür irgendein Orakel geben!
Der große Tempel, Sanktus Vita
Möget Ihr ein gesegnetes Leben haben!
Bitte nennt uns Euren Namen und den Grund Eures Besuches!
Ich bin Aristia la Monique.
Ich möchte die Orakel lesen, die in den letzten paar Monaten ausgesprochen wurden.
Da gibt es keine. Das Orakel von vor fünf Jahren ist das aktuellste.

Was nun ...?
Offenbar haben sie keine Prophezeiungen.
Dann würde ich gerne alle Orakel der letzten zehn Jahre lesen.
Ich werde Euch zum Andachtsraum führen.
Klapp
Es gibt tatsächlich nichts, das auf die jetzige Situation hindeutet.
In meiner Erinnerung bin ich 17 Jahre alt.
Wenn das hier die Wirklichkeit ist und ich 10 Jahre alt bin, habe ich in nur einer Nacht einen Traum von sieben Jahren gehabt.

Aber ... war es wirklich so?
Die schreckliche Erinnerung an seinen eiskalten Blick fühlt sich immer noch so lebendig an.
Ist vielleicht doch ...
... das hier der Traum?
Uff ...
Was ... mach ich jetzt?
Schhhh
Du bist also zu mir gekommen, mein Kind.

Wuusch

Wer ist da?!
Wer hat da gerade gesprochen?!
Ich bin die, die allen Wesen Leben einhaucht.
Ihr Menschen nennt mich »Vita«.
Das kann nicht sein! Spielt mir hier jemand einen Streich?!
Du möchtest wissen, ob dein 17-jähriges Ich oder dein jetziges Ich real ist?
W... Woher weißt du das ...?!
Es gibt nichts, das meinem Blick entgehen kann.
Die Antwort auf deine Frage ist ...
... dass beides wahr und real ist.

Wie kann das sein?
Heißt das, die Zeit ist zurückgesprungen?
Genau.
Mit der mir gegebenen Macht über das Leben habe ich die Zeit aller Dinge zurückgedreht.
Wieso?!
Weil sich das Schicksal zu vieler Leben verdreht hatte.
Aufgrund meines gesegneten Kindes.
Dein gesegnetes ... Kind?
Mein gesegnetes Kind sollte ursprünglich in dieser Welt geboren werden.
Durch eine Verzerrung in den Dimensionen ist sie in eine andere Welt gefallen.

Ich habe sie zu spät gefunden und an diesen Ort gerufen.
Deswegen geriet das Schicksal vieler, dich eingeschlossen, aus den Fugen.
Eine andere Welt ...?
Jiyun ...!
Jiyun ist ihr gesegnetes Kind!!

Warum hast du dann ...
... das Orakel für Jiyun nicht neu prophezeien lassen?
Hätte man von Anfang an gewusst, dass ein Mädchen aus einer anderen Welt auftauchen würde ...
... hätte ich ihn vielleicht auch etwas früher aufgeben können.
Weil ...
... ich mein gesegnetes Kind verloren habe ...
... und dadurch auch du mit ihm durch einen dünnen Faden des Schicksals verbunden wurdest.

Das ist doch ...
... nicht möglich.
Das heißt also ...
Dass ich mit dem Prinzen verbunden wurde ...
... sollte die Abwesenheit von Jiyun ausfüllen?
So ist es.
Meine Liebe ...
Meine Liebe, wegen der mein Herz so geschmerzt hat, war nicht aus freiem Willen ...
... sondern nur ein Gefühl, das an ein Schicksal geknüpft und vorherbestimmt war?!
Ganz genau.

Ich wurde nicht beachtet, obwohl ich mich so angestrengt habe.
Und das lag daran, dass ich einfach nur für kurze Zeit als Ersatz für sie herhalten sollte?!!!
Ich habe nur ...
... wegen des gesegneten Kindes ...
... das eine Göttin liebt, so sehr ...
So ist es.

Das soll wohl ein Witz sein!
Nur deswegen habe ich mein Leben lang gelitten und wurde weggeworfen, während sie alles hatte?!
Wie kann eine Göttin, die sich um alle Lebewesen kümmern sollte, ein gesegnetes Kind erschaffen?!
Aus welchem Grund mischst du dich, wie es dir gerade gefällt, in die Schöpfung ein?!
Es gibt Bestimmungen, die euch Menschen zugeteilt werden und denen ihr nicht ausweichen könnt.
Das ist euer Fatum, euer Schicksal.
Nein!! Solch ein Schicksal will ich nicht!!
Aaaaah
Ein Mensch kann sich niemals seinem Schicksal entziehen.

Ich habe ihn aufrichtig geliebt, obwohl er kein einziges Mal freundlich zu mir war.
Sie war die Kaiserin, aber ich habe alle Arbeiten für sie übernommen und meine Rolle erfüllt.
Obwohl ich vom gesamten Kaiserreich als boshafte Frau abgestempelt wurde, hegte ich keinen Groll.
»Die Götter haben mir diese Leiden auferlegt, um mich zu stärken.«
»Die Götter sind gerecht und werden mir Gutes tun, wenn ich Schwierigkeiten und Anstrengungen durchstehe.«
Das dachte ich zumindest.
Aufgrund meines Schicksals war ich gezwungen, mein Leben so zu leben.
Von Anfang an wurde mir ein freier Wille verwehrt.
Ich existierte nur für ihn und kannte auch die Liebe meines Vaters nicht!

Mein Kind, ich habe Mitleid mit dir.
Aber es gibt keinen Weg, ein feststehendes Schicksal zu verändern.
Stattdessen werde ich dich dafür entschädigen, dass dein Schicksal so verdreht wurde.
Hah ...
Eine Entschädigung? Was für ein Unsinn ...
Gut!
Ich akzeptiere diese Entschädigung.

Ich glaube jetzt nicht mehr an die Existenz der Götter!
Aber versteh das nicht falsch!
Ich werde dich nie als Göttin ansehen und dir danken!

Mit allen Mitteln werde ich deine Existenz leugnen!
Ich brauche keine Göttin, die mich einfach so ausnutzt und wegwirft!
Hah
Hah
...
In Ordnung.

Mach, was du willst.
Krack
Zosch
Krack
...!!
Ah ...!
Du hast mein Interesse geweckt.
Du wehrst dich gegen dein Schicksal.

Der Weg, den du gehst, ist bald dein Schicksal.
Und was du möchtest, wird bald dein Weg sein.
Dein Name steht für jemanden, der sein Schicksal selbst gestaltet.

Aristia
Pionier
la Monique
Ich ...
Aus welchem Grund ...
... bin ich am Leben?

Was bedeutet
meine Existenz ...?
In Wirklichkeit ...
... war ich nichts.
Tropf
... a.

...ia.
Tia.
Was ist das? Es ist so laut.
Tia.
Tia.
Lasst mich bitte in Ruhe!
Tia.
Ruft nicht nach mir! Sucht mich nicht!
Tia.
Ich habe nichts mehr, das ich euch geben kann.
Tia.
Tia.
Tia.
Tia.
Meine Mühen. Mein Stolz. Meine Tränen.
Tia.
Und meine Liebe.
Tia.
Tia.
Am Ende wurde mir bis hin zu meiner Existenz alles verwehrt. Was wollt ihr noch von mir?
Tia.
Tia.
Tia.
Tia!!

Tia ...
Bitte ... !
Bitte, mach die Augen auf!
Prassel

Tia ...
Tia ... ! Mach die Augen auf ... !

Tia!!
Fräulein! Seid Ihr wieder bei Bewusstsein?!
Vater ...
Lina ...
Sie ist aufgewacht.

Tränen ...?! Mein Vater war doch immer so stoisch ...!
Ich bin so froh, Fräulein!
Ich war so erschrocken, als ich hörte, dass Ihr im Tempel umgekippt seid!
Uwäääh
Wir dachten, es sei etwas Schlimmes passiert, weil Ihr so lange nicht aufgewacht seid.
Oh ... ja.
Ich bin nicht alleine.
Mein jetziges Ich hat meinen Vater, der mich so sehr liebt, dass er sogar gegen seine Prinzipien verstoßen würde.
Und Lina, die seit meiner Kindheit bei mir ist. Ich habe eine Familie, die sich um mich sorgt.
Es gibt hier Menschen, die mir die Hand halten, wenn ich sie nach ihnen ausstrecke.

Ich muss mir nicht die Erlösung Gottes wünschen.
Es reicht, wenn ich mich umschaue.
Drück
Das wurde mir klar, als ich dachte, dass selbst die Götter mich im Stich gelassen haben.
Ihr alle …
Vielen, vielen Dank.
Ich möchte noch einmal leben.
Zusammen mit diesen Menschen.
Ein anderes Leben als zuvor …

Du siehst schon viel besser aus.
Fühlst du dich nun wieder gut, Tia?
Ja.
Anfunkel
Es tut mir leid, dass ich dir Sorgen bereitet habe.
Va...
Pa... Papa.
Wer hätte gedacht, dass er so gerne »Papa« genannt wird ...
Jedenfalls bin ich erleichtert.
Aber Tia ...
Ja?

Kannst du nicht mit mir darüber reden …
… was im Tempel passiert ist?
Ähm …
Was könnte ich ihm schon sagen?
Dass ich wegen Hochverrats ge-köpft und dann wiedergeboren wurde?
Das sind Erinnerungen an Dinge, die noch nicht passiert sind.
Während du an diesem Tag bewusstlos warst, wurde ein Orakel verkündet.
Das hat für großen Auf-ruhr im Palast gesorgt.

Dieses Orakel hat dir einen neuen Namen verliehen.
Du hast von den Göttern einen zweiten Namen erhalten.
Um genau zu sein …
Aristia Pionier la Monique
Deshalb …
… möchte Seine Hoheit dich gerne sehen.

Oje.
War das diese sogenannte Ent-schädigung?!
Du warst schon lange nicht mehr im Palast, oder?
Erinnerst du dich noch daran?
Der Palast ist mit vielen schlechten Erinnerungen ver-knüpft.
Ich habe Angst.
Tia?
Selbst jetzt habe ich das Gefühl, die spöt-tischen Stimmen zu hören.

Zitter
Ssst
Wusch

Kyah ... !
Der Marquis Monique ist angekommen!
Oh?
Herr Kommandant ... Huch?!
Stapf
Stapf
Stapf
Erstarr
Iiiek
Iiiek
Oh
Ähm
L... Lass mich runter! Papa ...
Es ist nur noch ein kleines Stück, also bleib kurz so!
Aber alle schauen uns an ...

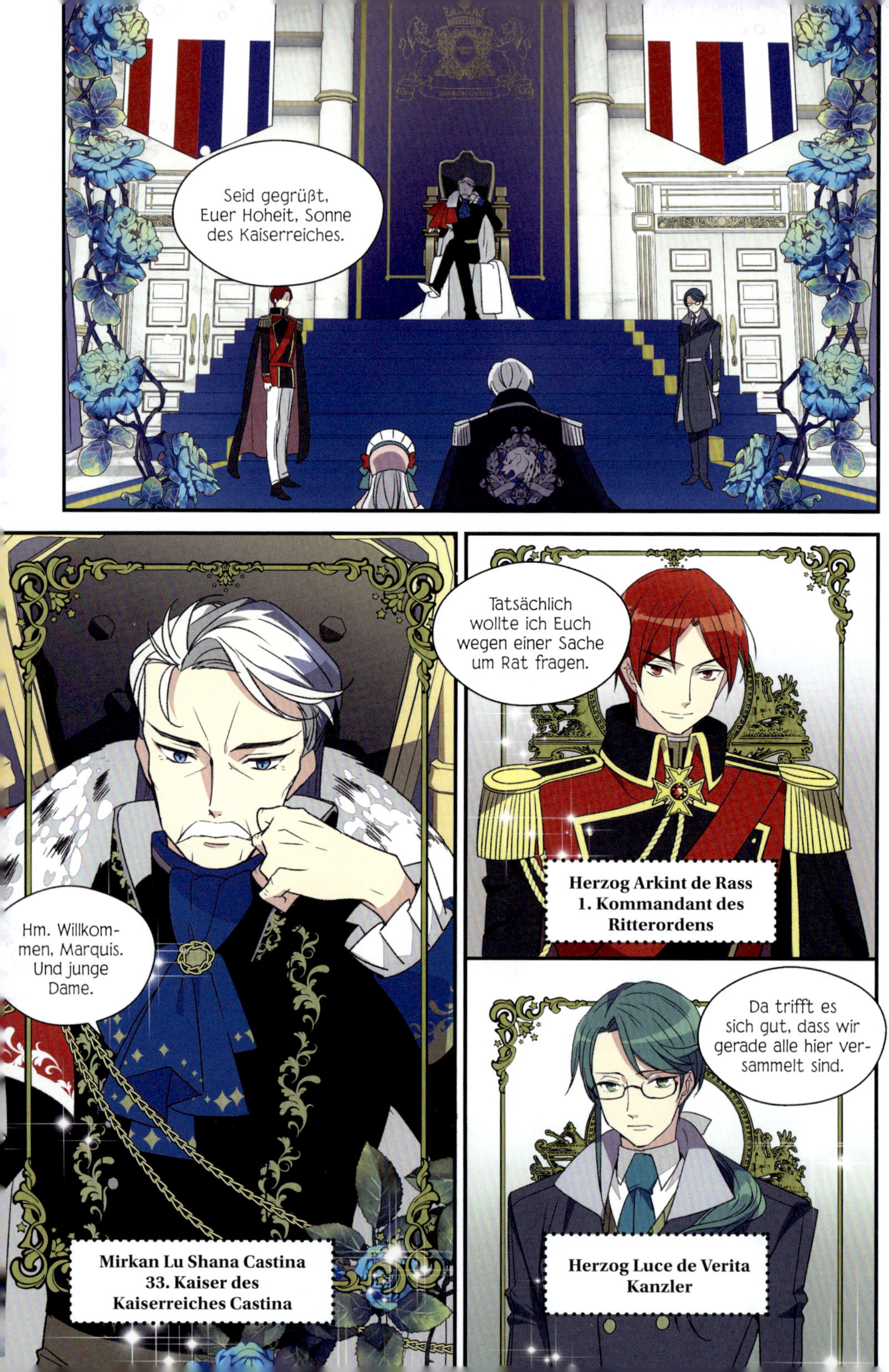
Seid gegrüßt, Euer Hoheit, Sonne des Kaiserreiches.
Tatsächlich wollte ich Euch wegen einer Sache um Rat fragen.
Herzog Arkint de Rass 1. Kommandant des Ritterordens
Hm. Willkommen, Marquis. Und junge Dame.
Mirkan Lu Shana Castina 33. Kaiser des Kaiserreiches Castina
Da trifft es sich gut, dass wir gerade alle hier versammelt sind.
Herzog Luce de Verita Kanzler

Stellt bitte Eure Fragen, Euer Hoheit!
Noch immer gibt es bei uns Kräfte, die keinen Respekt vor dem Kaiserreich haben.
Um vorbereitet zu sein, sollten wir die Anzahl der Ritter und Soldaten erhöhen.
Wie wäre es, wenn wir für das benötigte Kapital die Steuern erhöhen würden?
Was?!
Allein eine Erweiterung des Ritterordens wird für Aufregung sorgen, aber dann noch eine Steuererhöhung?
Euer Hoheit, warum macht Ihr seit jeher immer nur mir das Leben so schwer?
Was habe ich falsch gemacht?
...
Ich bin derjenige, der jedes Mal von den Adeligen genervt und drangsaliert wird, wenn so eine Maßnahme beschlossen wird!
Dieser Kerl ist zu loyal, sodass er nichts hinterfragt oder kritisiert!
Aber rede ich nicht deshalb im Vorfeld mit Euch darüber?
Ho ho
Dieser Kerl

Aber es wird großen Widerstand geben ...
Nun gut, ich habe verstanden. Wenn Euer Hoheit es so wünscht.
... !
Das ist nicht gut!
Diese Idee war in der Vergangenheit ...
... ein Fehlschlag, sodass es sogar zu Aufständen kam!!
Wieder werden die erhöhten Steuern die einfachen Bürger und nicht die Adeligen belasten ...
Pfft
Aber ...
... ich wüsste gerne, was unsere junge Dame hier über diese Sache denkt.
?!

Ich habe durchaus schon gehört, dass die junge Dame sehr schlau ist.
Was hältst du von der Maßnahme, von der du gerade gehört hast?
Ich ...
Richtig ...! Deshalb hat er mich das alles hören lassen ...!
...
Sein fähiger Kanzler, der Herzog Verita, weiß bestimmt um die Probleme dieser Maßnahme. Trotzdem sagt er überhaupt nichts.
Der Kaiser möchte mich auf die Probe stellen.
Durch die Prophezeiung habe ich bereits seine Aufmerksamkeit erregt.
Wenn ich mich jetzt noch stärker hervortue, könnte es sein, dass man noch mehr vor mir auf der Hut ist.
Aber ...

Dieses System wird nicht funktionieren, Euer Hoheit.
Und warum nicht?
Weil vorhergesagt wurde, dass ein Jahr mit einer Hungersnot bevorsteht.
...!!
Das Kaiserreich hat ungefähr alle 30 bis 40 Jahre eine Hungersnot in diesem großen Ausmaß.
In den Jahren davor liegen die Ernten immer unter dem normalen Niveau.
Falls diese Maßnahme eingeführt wird, müssen die Bürger für mehrere Jahre Hunger leiden.
Da ich dies weiß, muss ich es auch verhindern!
Und dieses Jahr weist genau solche Vorzeichen auf.

Was denkt Ihr, Kanzler?
Es stimmt tatsächlich, dass die Zeichen, wie die junge Dame sagt, seit diesem Jahr eindeutig schlechte Ernten vorhersagen.
Hmm ...
Aber es ist auch unbedingt notwendig, unser Militär zu verstärken.
Wie lässt sich das lösen?
Nachdem ich schon so viel gesagt habe, gibt es kein Zurück mehr.
Diese Maßnahme, die der zweite Sohn von Herzog Verita in der Vergangenheit entworfen hat ... !
Es tut mir zwar sehr leid für ihn, weil er dadurch Reputation erlangt hat ...
... aber wenn ich an die Bürger denke, die jetzt hungern müssten ...
Es gibt eine Möglichkeit.

Die Einfuhr einer Steuer auf Luxusgüter.
LISA
SOPU
SONO
IMPERIUM CASTINA
Die Adeligen erwerben Güter, die sie nicht unbedingt im täglichen Leben benötigen. Auf diese erheben wir eine Steuer.
Die Händler könnten die Waren zu einem Preis verkaufen, in dem die Steuer inbegriffen ist, und würden so die Steuer einziehen.
Hm, das klingt gut!!
Der Vorschlag der jungen Dame ist eine gute Idee, Euer Hoheit.
Je teurer ein Luxusgut ist, desto mehr kann man damit angeben.
Wenn wir darauf Steuern erheben, wird es kaum Widerstand geben und wir können eine Finanzierung sicherstellen.

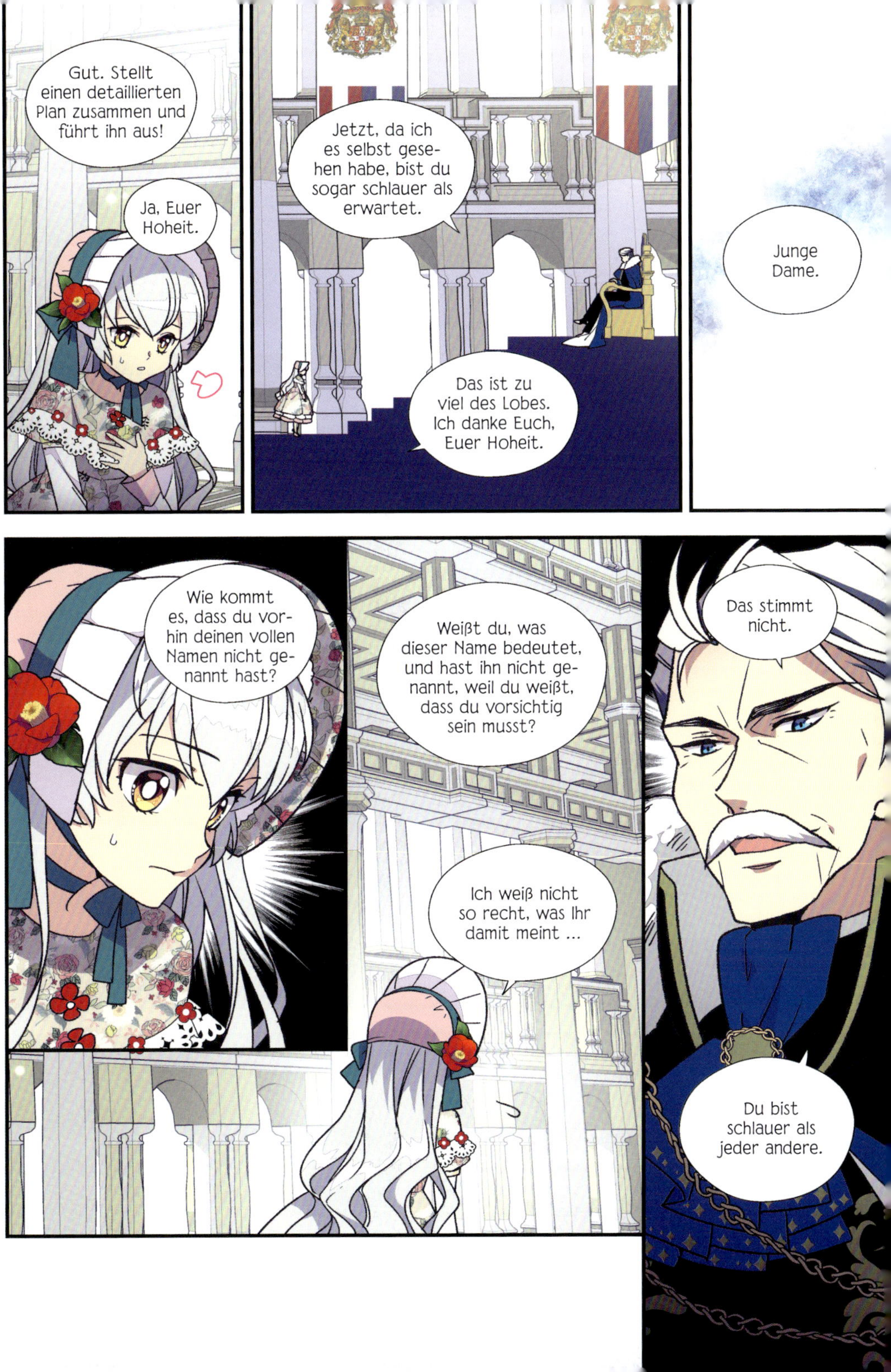

Gut. Stellt einen detaillierten Plan zusammen und führt ihn aus!
Ja, Euer Hoheit.
Jetzt, da ich es selbst gesehen habe, bist du sogar schlauer als erwartet.
Das ist zu viel des Lobes. Ich danke Euch, Euer Hoheit.
Junge Dame.
Wie kommt es, dass du vorhin deinen vollen Namen nicht genannt hast?
Weißt du, was dieser Name bedeutet, und hast ihn nicht genannt, weil du weißt, dass du vorsichtig sein musst?
Ich weiß nicht so recht, was Ihr damit meint ...
Das stimmt nicht.
Du bist schlauer als jeder andere.

Ein mittlerer Name, den dir die Götter gegeben haben, bedeutet, dass du ein Anrecht darauf hast, den Thron zu besteigen.
Willst du etwa sagen, dass du das nicht weißt?!!
Dieser Blick Seiner Hoheit gilt nicht mehr länger einer zukünftigen Schwiegertochter.
So ...
... sieht der »Kaiser« einen möglichen Rivalen seiner selbst oder seines Nachfolgers an.
Er ähnelt zu sehr jemand anderem aus meiner Vergangenheit.
Dieses feindselige Funkeln.

Euer Hoheit ...
Warum hast du dich nicht dumm gestellt, obwohl du wusstest, dass ich dich auf die Probe stelle?
Wenn du dich unwissend gegeben hättest, hätte ich dich vielleicht nicht als Bedrohung wahr-genommen.
Dann ...
... hätte ich für meine eigene Sicherheit das Leben unzähliger Bürger zerstört.
Davor konnte ich nicht meine Augen ver-schließen.
Plötzlich ist jemand aufgetaucht, der nicht aus der kaiser-lichen Familie stammt und doch ein Anrecht auf den Thron hat.
...
Seine Hoheit hat doch nicht vor, mich oder die Familie Monique loszuwerden ... ?!
Hmpf

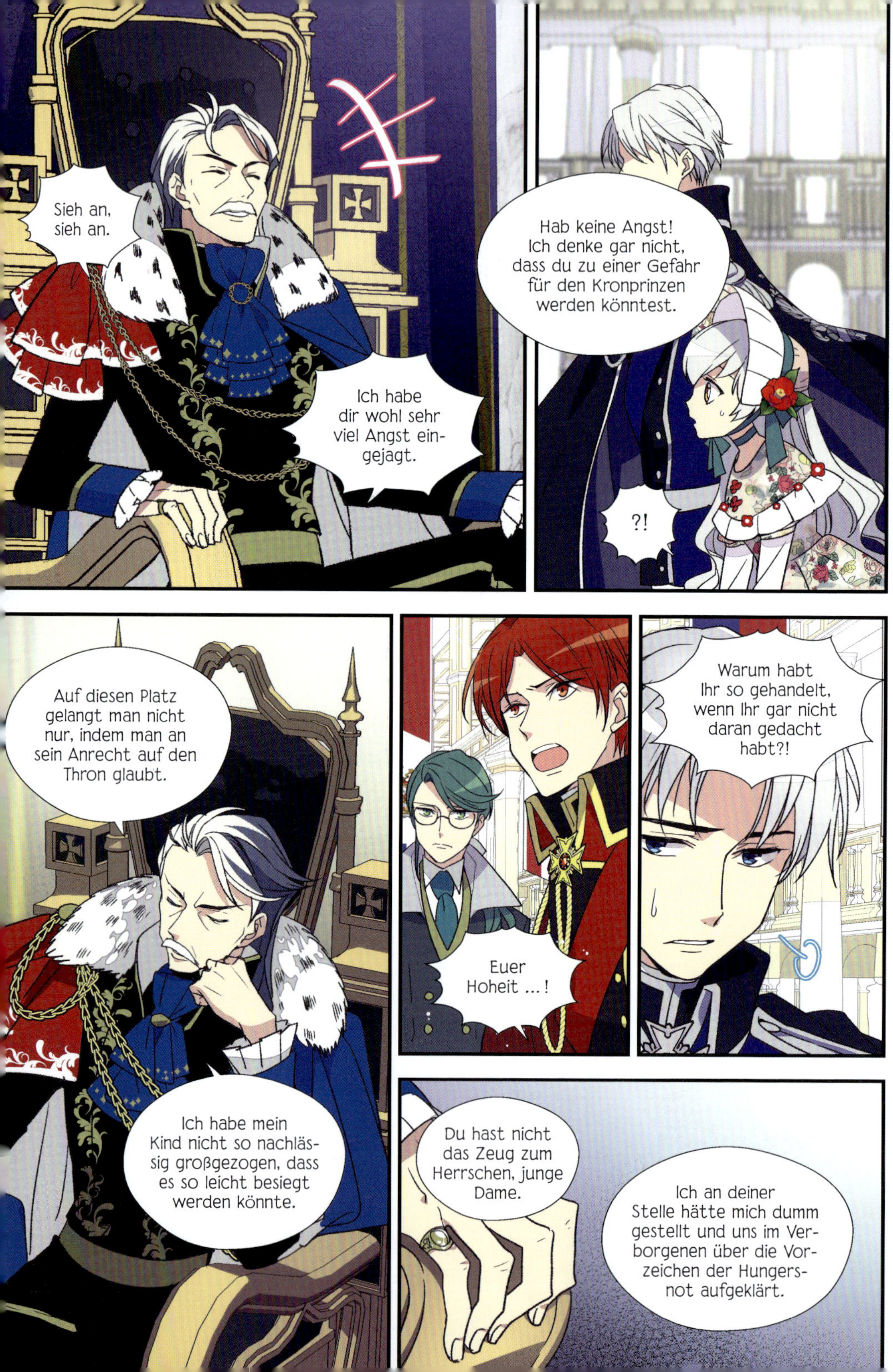
Sieh an, sieh an.
Ich habe dir wohl sehr viel Angst eingejagt.
Hab keine Angst! Ich denke gar nicht, dass du zu einer Gefahr für den Kronprinzen werden könntest.
?!
Auf diesen Platz gelangt man nicht nur, indem man an sein Anrecht auf den Thron glaubt.
Ich habe mein Kind nicht so nachlässig großgezogen, dass es so leicht besiegt werden könnte.
Euer Hoheit ...!
Warum habt Ihr so gehandelt, wenn Ihr gar nicht daran gedacht habt?!
Du hast nicht das Zeug zum Herrschen, junge Dame.
Ich an deiner Stelle hätte mich dumm gestellt und uns im Verborgenen über die Vorzeichen der Hungersnot aufgeklärt.

Du bist zu warmherzig, um ein Herrscher zu werden.
Ich ...
... und warmherzig ...?
Das höre ich zum ersten Mal in meinem Leben.
Ich habe immer nur gehört, dass ich kaltherzig und rational sei ...
Ein Herrscher muss sich selbst so sehr wertschätzen, dass er sogar bereit ist, sein Reich zu vernichten.
Deshalb bist du, die selbst das Risiko tragen wollte, nicht dazu geeignet, zu regieren.
Aber ...
Aber?
Deine Warmherzigkeit gegenüber den Bürgern und deine Klugheit ...
... sind ideal, um Kaiserin zu sein.

Deshalb bin ich gerade sehr betrübt.
Euer Hoheit. Wie könnt Ihr ...?
Ihr wisst es doch alle auch genau!
Dieser Junge muss sich selbst immer am stärksten profilieren.
Vielleicht liegt es daran, dass er, schon während er aufwuchs, als mein einziger Nachfolger verehrt wurde?
Wenn ich dich in diesem Ausmaß loben würde ...
Du bist ein schlaues Mädchen, das sogar von den Göttern einen Namen erhalten hat.
Euer Hoheit ...

Wie würde sich dieses arrogante Kind wohl verhalten?
Hoheit!!
Wir grüßen Euch, kleine Sonne des Kaiserreiches.
Ich bin hier, um den Kaiser zu sehen.
Es tut uns leid, Euer Hoheit.
Wir haben den Befehl, niemanden eintreten zu lassen.
Wer ist gerade im Thronsaal?
Seine Exzellenz Herzog Verita, Seine Exzellenz Herzog Rass …
… Seine Exzellenz der Marquis Monique und …
… dessen ehrenwerte Tochter.

Wenn es so eine wichtige Sitzung ist …
… wieso lässt er dann dieses Kind zu, aber ich darf nicht einmal in die Nähe?
…
Tss
Flapp
Wir sind untröstlich, Euer Hoheit.

In Ordnung. Sag mir ruhig, was du denkst!
Stimmt schon. Das ist nicht das erste Mal.
Gnn
Mein Vater war immer streng zu mir.
Nur dieses Kind ist in seinen Augen besonders.
Ich ... möchte mit dem Kronprinzen ...
... in keiner Weise zu tun haben.

Hoheit, diese Tochter der Familie Monique. Sie ist erst 10 Jahre alt, aber ihre Leistungen sind ziemlich herausragend.
Ihre Manieren und ihre Gelehrtheit, alles ist so gut, dass sie in jeglicher Hinsicht als Gefährtin eines weisen Herrschers perfekt wäre.
Ha!
Dieses doofe Mädchen aus der Familie Monique. Ich bin es leid, überall zu hören, wie sie gelobt wird.
Warum setzt ihr nicht einfach sie an meiner Stelle auf den Thron?

Du willst nichts mit ihm zu tun haben? Warum?
Tia ...?
Ich muss das hier gut machen.
Ihr könnt ein Mädchen, das ein Anrecht auf den Thron hat, nicht zu einer anderen Familie oder in ein anderes Land schicken.
Und wenn ich zur Kaiserin werde, macht Ihr Euch Sorgen um die Zukunft. Also ...
... wollt Ihr mich zu einer Königin machen, oder?
Genau. Du bist dir dessen also bewusst.
...!
Er ist genau wie sein Sohn. Wie können sie sich nur so ähnlich sein?

Aber bist du nicht das Mädchen aus der Prophezeiung?
He he
…
Es wäre zu viel zu sagen, dass ich mit Sicherheit die Gefährtin des Kaisers sein soll.
Wir wissen nicht, ob die »Geburt« aus dem Orakel sich wirklich auf die Schwangerschaft bezieht.
Genau. Das geht nicht zu weit und mit dieser Angabe war ja eine andere Person gemeint.
Das Mädchen aus einer anderen Welt, das von der Göttin Vita geliebt wird.
Ich wurde im Jahr nach der Prophezeiung geboren. Jiyun ist ein Jahr älter als ich. Das Orakel bezog sich eindeutig auf sie.
Aber wer würde mir glauben, wenn ich das nun sagen würde?

Was schlägst du dann vor?
Gebt mir bitte etwas Zeit! Ich werde eine Lösung finden.
Da die Zeit nicht drängt, würde ich mich vorerst zurückziehen und etwas suchen, das für beide Seiten von Vorteil wäre.
Das ist eine Methode, die ich erst vor Kurzem von Euch gelernt habe.
!
Und unabhängig von der Entscheidung ...
... werde ich eine Weile lang die voraussichtliche Gefährtin Seiner Hoheit sein.
Ho ho. Dann ist dir sogar das klar?
Sie ist wirklich ein erstaunliches Kind.
Obwohl wir uns nur so kurz mit ihr unterhalten haben ...
... hat sie durchschaut, dass es Konflikte zwischen dem Kaiserhaus und den Royalisten geben könnte.

Wenn wir jetzt die Verlobung auflösen würden, gäbe es sicherlich Gerüchte, dass es Reibereien zwischen dem Kaiserhaus und der Familie Monique gibt.
Und das spielte jener Fraktion von Adeligen in die Hände, die gegen uns ist.
Keirean hat eine großartige Tochter.
...
In Ordnung. Ich werde dir so lange Zeit geben ...
... bis wir die Volljährigkeit meines Sohnes feiern.
Dieses Kind ist erst 10 Jahre alt.
Sie wird einmal beneidenswert talentiert sein.

Puh! Bin ich fertig ...
Ich fühle mich wirklich immer von Seiner Hoheit eingeschüchtert.
Ich war so angespannt, dass mir jetzt der Rücken wehtut.
Ich habe zunächst Zeit gewonnen ...
... aber wie lange wird das reichen ... ?
Was mache ich von jetzt an?
Hm ... ?

Das hier ...!!
Ich sollte schnell zurück.
Es war schon immer eine Angewohnheit von mir, spazieren zu gehen, während ich mir den Kopf zerbreche ...!
Ich darf hier nicht sein.
Falls ... Falls zufällig ...!
Raschel
Falls ich zufällig jemandem begegne ...!
Wer ist da?

Wuusch
Wenn ich ihm …
… hier begegne …
Dies hier ist der kaiserliche Garten.
Diesen Ort darf nicht jeder einfach so be-treten.
Ich könnte seine Stimme …
… niemals ver-gessen.

Kronprinz Ruvelis ...!!
Warum ist er ausgerechnet hier ...?!
Was mach ich bloß?!
Er darf mich nicht entdecken. Sonst wird er wütend ...!
Was nun? Was mach ich bloß ...?!
Badumm
Badumm
Badumm
Badumm

Ich muss entkommen.
...?
Hör auf dich zu verstecken und zeig dich!
Das ist unhöflich.
Du hörst mich doch, oder?
Hiiek ...!!
Z... Zuerst einmal gehe ich ihm aus dem Weg ...!

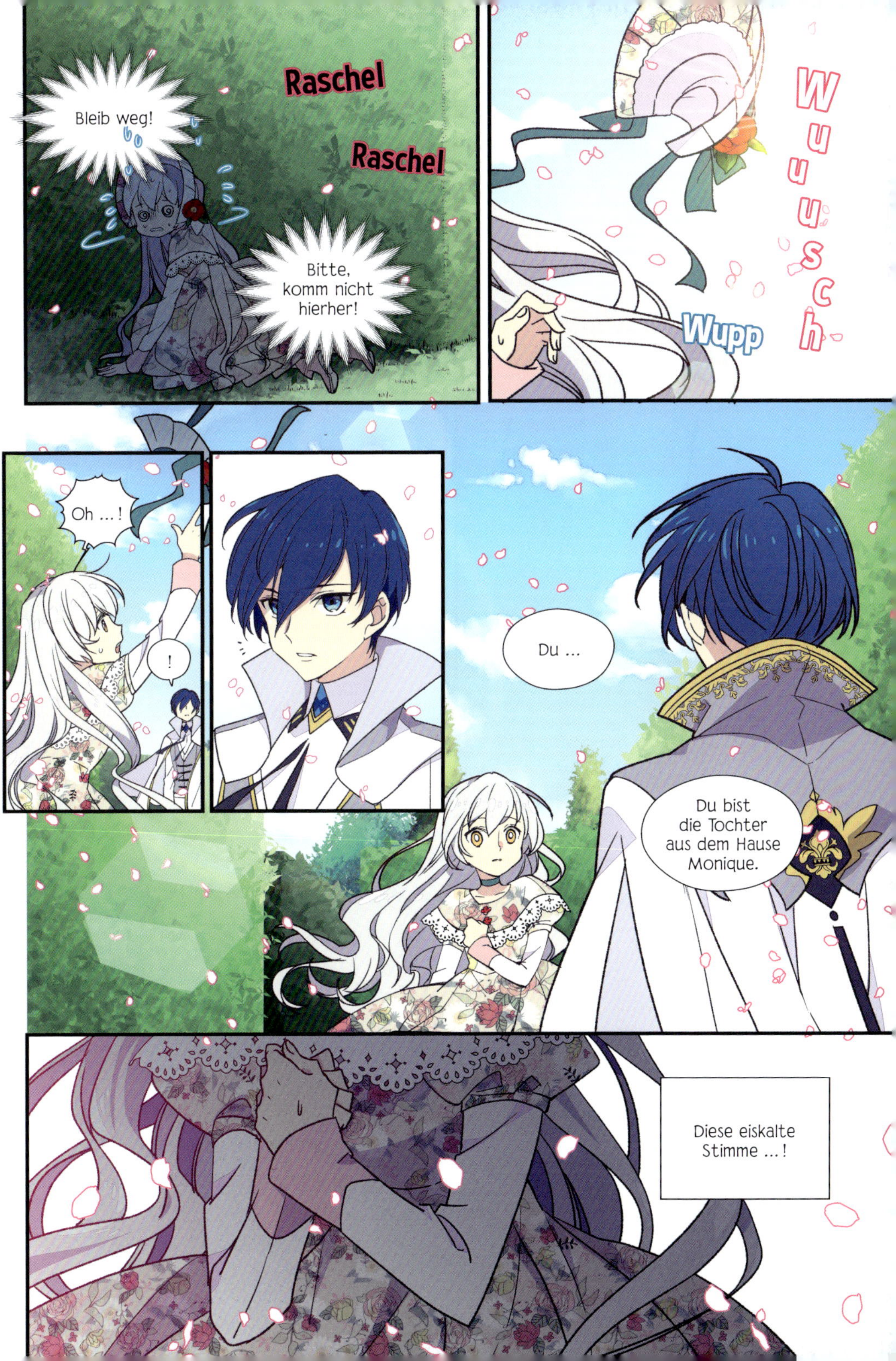
Raschel
Raschel
Bleib weg!
Bitte, komm nicht hierher!
Wuuusch
Wupp
Oh ...!
!
Du ...
Du bist die Tochter aus dem Hause Monique.
Diese eiskalte Stimme ...!

Ist eure Audienz beim Kaiser vorbei?
...
Warum sagst du nichts?
Du bist unverschämt.
Als ob du nicht weißt, wer ich bin.
Was soll dieses Verhalten?

Ich bekomme keinen Ton heraus.
Willst du nicht antworten?
Meine Hände ...
Mein Körper ...
Nichts bewegt sich.
Du bist wohl unglaublich arrogant.
Selbst meinen Blick ...
... kann ich nicht abwenden.

Alle Fraktionen bewundern dich. Verhältst du dich deshalb so über-heblich?
Zitter
Zitter
...
Puh ... Vergiss es.
Zuck
Es hat keinen Sinn, sich weiter mit dir unterhal-ten zu wollen.
Stapf
Stapf

Sssssst
Fump
Du bedeutest mir nichts.
Leck mir die Schuhe!
Dein Vater ist tot.
Aah ...!

Ich muss mich von diesem grausamen Schicksal losreißen.
Ich muss mich von ihm befreien.
Ich kann solch ein Leben nicht noch einmal wiederholen.
Für mich selbst ...
... und für meinen Vater.
Ich werde immer weiter kämpfen und entkommen ... !

Ratter
Rattong
Ratter
Junger Herr, wir kommen nun bald auf dem Anwesen des Marquis Monique an.
Rattong
Beeilt euch! Noch schneller!
Aristia la Monique …
Ich kann es kaum erwarten.
He he

Was sagst du da, Lina?
Wer ist gekommen?
Prinz Allendis de Verita.
Ich habe ihn bereits in den Salon geführt. Was soll ich nun tun, Fräulein?
Allendis de Verita

Der zweite Sohn des Herzogs Verita.
Ein junges Genie, dessen Reputation in der Vergangenheit durch den Entwurf der Luxussteuer in die Höhe schoss.
Er war im Kaiserreich eine Berühmtheit, nur vergleichbar mit dem Genie der Schwertkunst, Karsein de Rass.
Er soll klüger als sein Vater, Kanzler Verita, gewesen sein.
Und er hat Dutzende Gesetzesentwürfe selbstständig überarbeitet und entworfen.
Ich bin ihm selbst nie begegnet, aber ich habe immer seine exzellenten Fähigkeiten bewundert, die seiner Reputation in nichts nachstanden.
Und er ...
... möchte nun nicht meinen Vater, sondern mich sehen ...?

Ach ja! Das letzte Mal im Palast ...!
Ich habe dem Kaiser die Steuer auf Luxusgüter, welche Allendis entworfen hat, als meine eigene Idee präsentiert!
Hatte er sie vielleicht schon zu diesem Zeitpunkt entworfen?
Will er mich deshalb ausquetschen, wie ich davon wissen konnte?!
B... Beruhige dich! Du musst ruhig bleiben, Tia.
Ich weiß schließlich noch nicht, was los ist.
Entschuldigt bitte das Warten!
Es freut mich, Euch kennenzulernen, Prinz Verita.
Ich bin Aristia la Monique.

Freut mich, Fräulein Mo-nique.
Ich bin Allendis de Verita.
Setzt Euch bitte, Prinz!
Die Familie Verita hat ungewöhnlich leuchtende grüne Augen.
Sein Alter ... Ich bin mir sicher, dass er drei Jahre älter als ich war.
Ihr seid ge-wiss erstaunt, dass ich Euch besuche.
Ich hätte Euch wohl vorher kontak-tieren sollen, aber ich hatte es so eilig, dass ich direkt herkam.
Ja ...

Ehrlich gesagt bin ich hier, weil ich Euch etwas fragen will.
Was wollt Ihr wissen?
Kennt Ihr die neue politische Maßnahme, die demnächst eingeführt wird?
...?
Er kommt direkt zur Sache!!
Ihr meint die Steuer auf Luxusgüter, oder? Ich habe von meinem Vater davon gehört.
Hier ist es besser, nicht zu tun, als wüsste ich von nichts, sondern das Ganze als die Idee von jemand anderem abzutun.
Ich glaube, dass man mit dieser Maßnahme eine Steuer auf die Luxusgüter der Adeligen erheben wird.
Ihr glaubt das nur?
Wie unerwartet. Seid Ihr Euch nicht sicher?

Obwohl Ihr doch diese Maß-nahme vorgeschlagen habt?
Also ...
Wusste ich's doch ...!!!
Ich habe doch recht?
Er ist gekommen, weil er alles weiß!
Ja ... Das ist richtig.
Was nun?
Schließlich ist es wahr, dass ich die Idee eines anderen als meine eigene ausgegeben habe.
Ich sollte mich entschuldigen ...!
Gnnn
Verstehe ...

Ich wusste es!! Meine Vermutung war also richtig!!
?!!
Ich habe gehört, dass Ihr 10 Jahre alt seid.
Dann seid Ihr ja ein Genie!! Ich bin wirklich überrascht!!
Äh ... Also P... Prinz ...?!
Diese Anrede ist doch viel zu steif! Nennt mich Allendis!!
Kann ich dich auch duzen? Aristia.
Bis jetzt war ich immer frustriert, weil mich Gleichaltrige nicht verstanden haben. Aber du bist anders. Ich bin so glücklich!

Was für ein strahlendes und offenes Lächeln ...
Ja? Los, sag schon!
Mir hat noch nie jemand so ein Lächeln geschenkt.
Also, dann ...
A... Al-lendis ...
Also, woher wusstest du, dass dieser Vor-schlag ...
... ähm ... von mir ist?
Oh, das.
Mein Vater hat eines Tages nach einem Besuch im Palast mit der Arbeit daran begonnen.
Mit ernster Miene.
Aber bis dahin hatte er noch nie so etwas Ähnliches wie diese Steuer auf Luxusgüter entworfen.

Ich konnte erahnen, dass es etwas sein musste, das jemand im Palast vorgeschlagen hatte. Nicht wahr?
Stimmt. A... Also ... Ich meine ...
Ja, genau!
Und an dem Tag hat mein Vater von dir erzählt ...
Hm?
Nein! Er hat in höchsten Tönen von dir gesprochen!
Mein Vater ist verdammt geizig mit Komplimenten, deshalb lobt er andere relativ selten!
Aber von dir hat er ständig geredet und dich sogar gelobt!
Als wärst du seine eigene Tochter!
Er will mich also nicht ausquetschen.
Aber ...
Also ehrlich gesagt habe ich mir diese Steuer ...
... gar nicht selbst ausgedacht ...
Was soll das heißen?
Ooh, ach so? Wie war der Titel des Buches?
A... Also! Ich habe es in einem Buch gelesen!
Das Buch hatte keinen Titel!!

Ich habe es zufällig in der Palastbibliothek entdeckt. Aber später konnte ich es nicht mehr finden ... !
Hmm ... Ist das so?
Ich kann ihm schlecht sagen, dass er sich das in der Zukunft ausdenken wird ...
Oh ... Er ist wohl enttäuscht.
Hm. Es war also ein Buch, sagst du.
So wie die Dinge stehen, sollte ich ihn auch nicht duzen.
Er hat mir das nur erlaubt, weil er meine Fähigkeiten anerkennen wollte.
Ich war so aufgeregt, weil seine Einstellung mir gegenüber vorhin so freundschaftlich war ...
Und jetzt bin ich fast schon traurig.
Warum nur ist das menschliche Herz so kompliziert ...?

Jetzt versteht Ihr es, oder, Prinz Verita?
Hm?
Hä? Was soll das denn?
Das gibt's doch nicht.
Dachtest du etwa, ich würde dir das Duzen wieder verwehren ...
... wenn du mir sagst, dass die Maßnahme nicht deine eigene Idee war?
Ähm ... Aber ...
Mir ist ehrlich gesagt nicht wichtig, wessen Idee es war.
Du hast doch in jedem Fall selbstbewusst deine Meinung geäußert, oder?
Noch dazu vor diesem beängstigenden Kaiser.

Du gefällst mir.
Aber ich weiß auch, dass bei dir noch einiges im Argen liegt.
Was hältst du davon?
Wenn all diese Dinge bereinigt sind, Aristia ...
... würdest du mich dann heiraten?

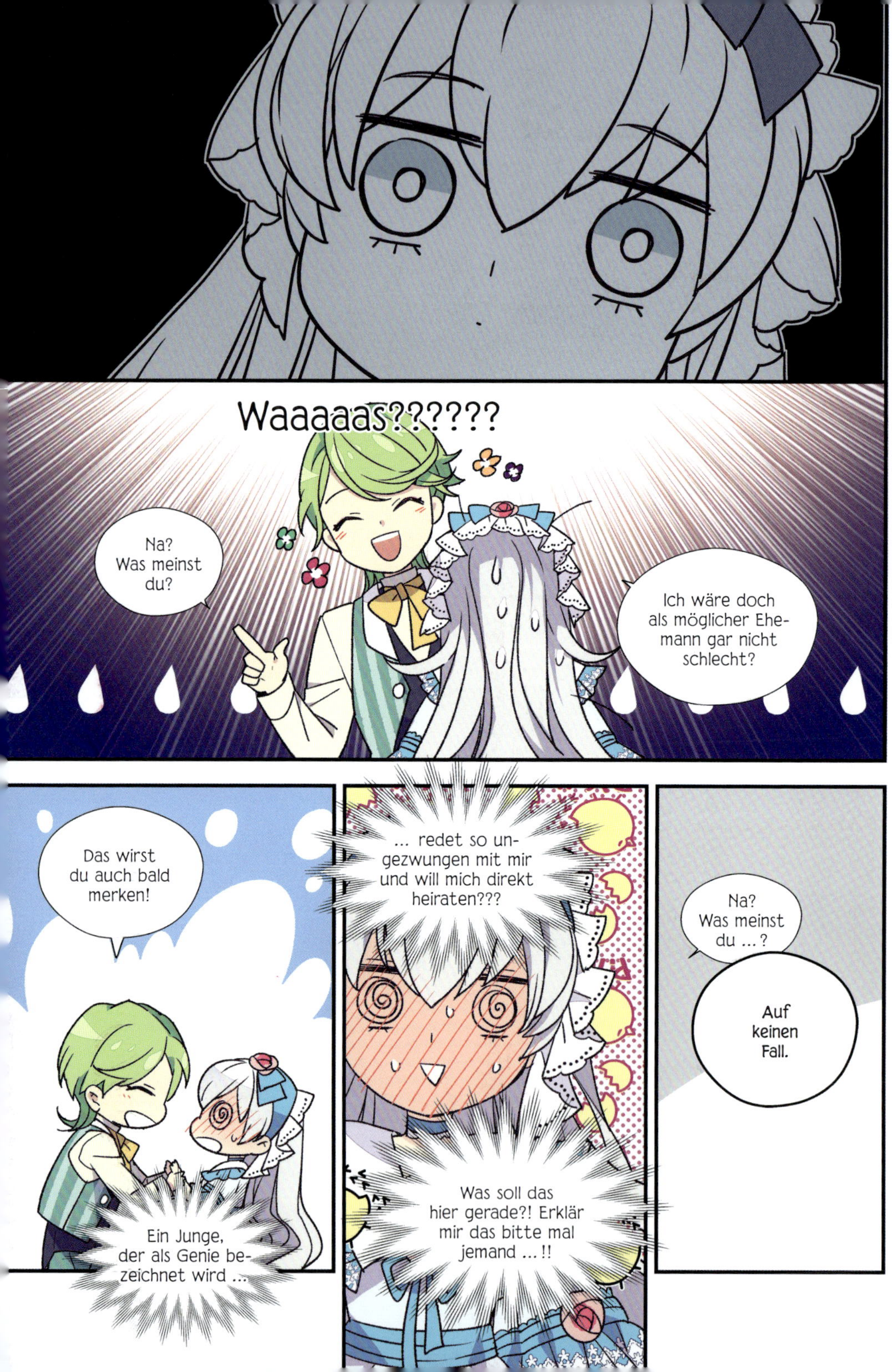

Waaaaas??????
Na? Was meinst du?
Ich wäre doch als möglicher Ehemann gar nicht schlecht?
Das wirst du auch bald merken!
Ein Junge, der als Genie bezeichnet wird ...
... redet so ungezwungen mit mir und will mich direkt heiraten???
Was soll das hier gerade?! Erklär mir das bitte mal jemand ...!!
Na? Was meinst du ...?
Auf keinen Fall.

!!
V...
Vater!!
Tia, komm hierher!
Schön, Euch wiederzusehen, Marquis.
Ihr trefft meine Tochter doch zum ersten Mal?
Haltet Ihr da einen Heiratsantrag wirklich für angemessen?
Es war Liebe auf den ersten Blick.

Ihr seid gerade erst 13 Jahre alt.
Auch wenn ich noch jung bin, kann ich doch jemanden lieben, oder?
Funkel
W... Was soll ich tun?
Es gibt keinen Weg, wie ich da ein-greifen kann ...!!

Prinz, ich möchte darüber nicht einfach so plaudern.
Für mich ist das auch kein Witz.
Ich habe auch Dinge gehört und gesehen.
Offenbar besteht die Mög-lichkeit, dass Aristia doch nicht Kaise-rin wird.
Was werden andere denken, wenn die Verlobung mit dem Kaiserhaus aufgelöst wird?
...
Sie werden darüber spekulieren, ob mit Eurer Tochter irgendetwas nicht stimmt.
Ich ...

Badamm
Vater ...!
Das würde ich niemals zulassen!
Wie wollt Ihr der ganzen feinen Gesellschaft den Mund verbieten?
Natürlich wird die Reputation der Familie Monique nach einer Auflösung der Verlobung getrübt sein.
Und es ist offensichtlich, dass sie dann nur noch mit allen möglichen Taugenichtsen zu tun haben wird, die es auf Eure Position abgesehen haben.
Vater wird wegen mir in den Dreck gezogen.
Gnn
So weit habe ich gar nicht gedacht.
Was denkt Ihr, Marquis?

Wenn Ihr mir Eure Erlaubnis gebt ...
... könnte ich sie vor all dem abschirmen.
Immerhin bin ich der zweite Sohn des Herzogs Verita, der derselben Frak-tion angehört.
...
Vater ...
Das Wichtigste ist, was mei-ne Tochter möchte.
Das steht außer Frage.
Okay. Ihr akzeptiert mich bis dahin einfach nicht als möglichen Schwiegersohn, sondern als »Freund« Eurer Tochter.

Ihr müsstet dann jedoch eine Bedingung erfüllen.
Ja?
Eine Bedingung …?
Aargh, jetzt steck ich ganz schön in der Klemme!
Ich soll so gut im Schwertkampf werden, dass ich nicht nur einen Ritter, sondern eine ganze Division besiegen könnte?! Ich bin erledigt!
Ha ha
Lach nicht! Unsere Familie gilt seit Generationen als völlig unsportlich und unbeweglich.
Mein Bruder und mein Vater sind beide völlig hoffnungslose Fälle, was Sport oder Tanzen betrifft.
Und ich habe es noch nicht einmal versucht, weil ich Angst hatte, mich zu blamieren.
Schwitz
Schwitz
Es gibt also einen Grund, warum die Familie Verita so viele Zivilbeamte stellt.
Das ist nur passiert, weil du mir so plötzlich einen Heiratsantrag gemacht hast.
Aber ich meine das ernst!

Es tut mir leid, Aristia.
Obwohl es dich betrifft, habe ich dich völlig ignoriert und einfach gesagt, was ich wollte.
Ich nehme deine Entschuldigung an.
Vielen Dank, junge Dame! ♥
Allendis ... Er ist höflich und freundlich ...
Also dann! Ab morgen muss ich mich anstrengen.
Denn zuerst muss dein Vater mich als deinen Freund akzeptieren!
Ich glaube, er ist ein guter Mensch.

Auf unsere zukünftige gute Freundschaft, Aristia!
Jeder hat so etwas.
Aber mir war es nie erlaubt, einen »Freund« zu haben.
Jemand, mit dem man gleich-berechtigt Zeit verbringen kann.
Endlich habe ich auch so jemanden.
Ja! Lass uns gute Freunde werden!

So werde ich
Stück für Stück …
… einen
anderen Weg als in
der Vergangenheit
einschlagen.
Mit einem
neuen Leben und einer
neuen Einstellung …

Aristia la Monique

Die gefallene Kaiserin

Hoheit.
Hier sind alle Bücher, die Ihr gesucht habt.
Ich denke, die restlichen Bücher sind in der westlichen Bibliothek. Soll ich sie herholen?
Hm ...

Seid gegrüßt, Euer Hoheit, kleine Sonne des Kaiserreiches!
Hallo.
Oh ...!
Hab ich mich grad erschreckt. Wer hätte gedacht, dass er immer noch hier ist ...?
Lass uns später wiederkommen!
Tuschel
Tuschel
...
Haren.
Ja?
Normalerweise ...

... wäre es doch völlig absurd, dass eine Adelige, die den Palast betreten darf, mich nicht erkennen würde, oder?
Aber natürlich.
Nicht nur die Adeligen, sondern jeder hier.
Es gibt hier nieman-den, der Euch nicht kennt.
Woran könnte es dann liegen, dass mich jemand nicht grüßt, kein Wort sagt und mich nur weiterhin anstarrt?
Was?
Ha ha, als ob das passieren wür-de! So jemand ohne Manieren könnte den Palast nicht betreten.
Wer würde es denn wagen, Euch so respekt-los zu behan-deln?
Das dachte ich auch.

Stille
Hoheit?
Was meint Ihr damit ...?
Es gab doch nicht etwa wirklich jemanden ...?
Es ist nichts.
Also hat sie mich tatsächlich ...
... einfach nur ignoriert?
Was für ein dreistes Ding.
Klirr
Klirr

Ziing
Klirr
Schepper
Ist Allendis noch nicht da?
Es sind mehr Leute da, als ich dachte.
Ich kann gar nicht bis hinten durchsehen.
Oh, Fräulein.
Guten Morgen!
Oh, kenne ich den ...? Wer ist dieser Ritter?
Was bringt Euch zum Trainingsplatz?

Ähm, also ...
Lord ... Lieg?
Es ist mir eine Ehre, dass Ihr Euch an mich erinnert!
??!?!
Herzlich willkommen, Fräulein!
Wir haben Euch ja lange nicht mehr gesehen, Fräulein!
Plapper
Plapper
Fräulein!
Aaah!! Was mach ich jetzt?!!
Ja, Ihr alle ...
Guten Morgen ...!
Hier sind lauter Ritter, die ich nicht kenne!
Er ist zwar noch nicht hier, aber sollen wir Euch helfen?
Seid Ihr gekommen, um den Kommandanten zu treffen?
Wollt Ihr hier warten?
Vor Kurzem seid Ihr ja auch früh am Morgen hier beim Trainingsplatz gewesen, oder?
Huch!

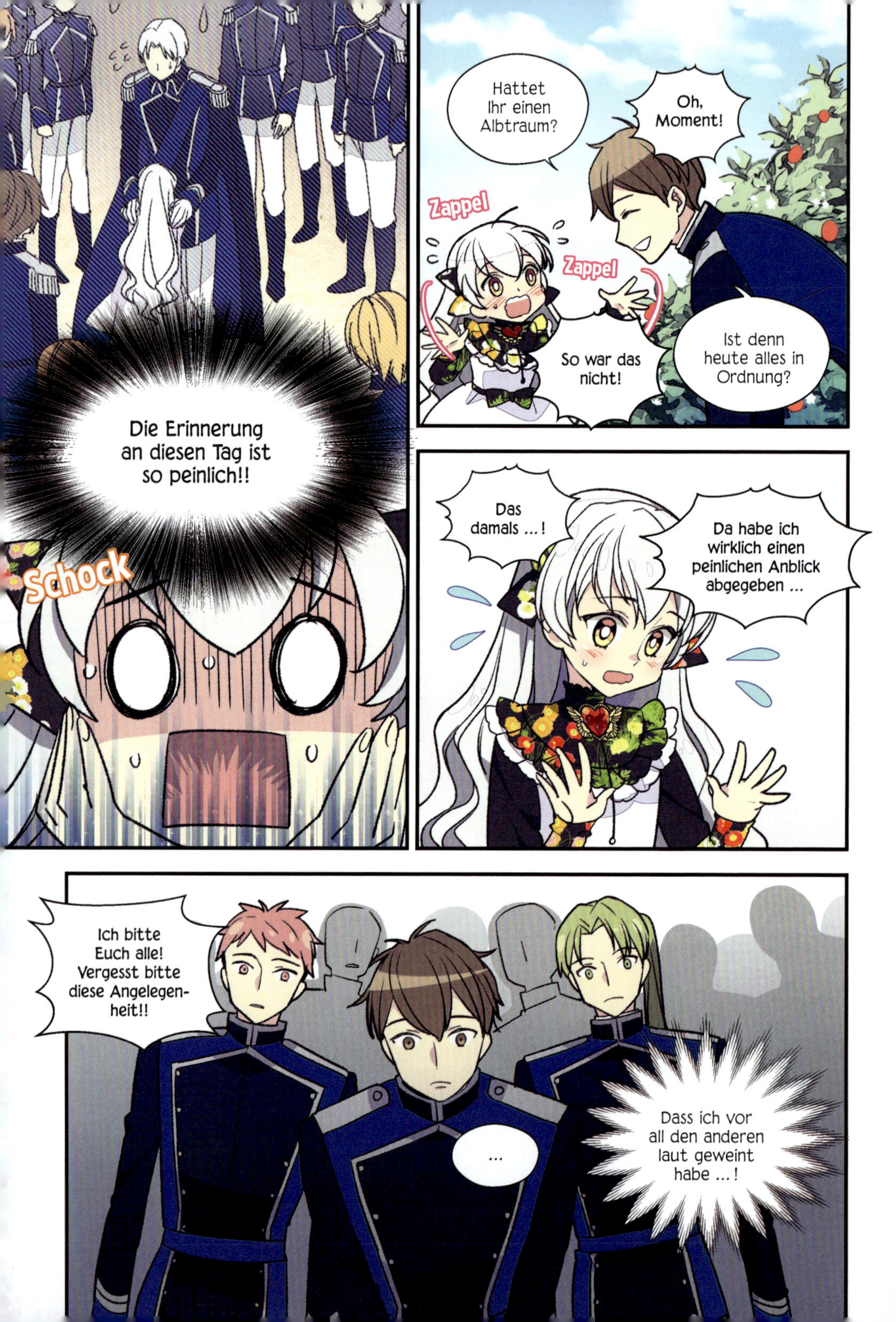
Die Erinnerung an diesen Tag ist so peinlich!!
Schock
Hattet Ihr einen Albtraum?
Oh, Moment!
Zappel
Zappel
So war das nicht!
Ist denn heute alles in Ordnung?
Das damals ...!
Da habe ich wirklich einen peinlichen Anblick abgegeben ...
Ich bitte Euch alle! Vergesst bitte diese Angelegenheit!!
...
Dass ich vor all den anderen laut geweint habe ...!

Ja! In Ordnung.
Wenn Ihr das wünscht, werden wir darauf Rück-sicht nehmen.
Auch wenn wir es schön fanden, Euch so zu sehen.
Nehmt Euch das also bitte nicht zu Herzen!
Wenn Ihr zu Besuch bleibt, setzt Euch bitte hierhin!
Da es noch Vormittag ist, brennt die Sonne sonst zu sehr.
Dabei hatte ich sie die ganze Zeit nicht einmal anständig be-grüßt …
Sie scheinen gute Menschen zu sein.
Aristia!

Guten Morgen!
Bist du hier, um mich anzufeuern?
Du trainierst ab heute, oder? Gib alles, Allendis!
Mache ich! Danke!
Ich muss mich anstrengen, um als dein Gelieb-ter ... nein, als dein Freund akzeptiert zu werden!
...
Versammelt euch alle!!

Lina.
Ich habe immer nur Bücher gelesen und nie daran gedacht, auch mal auf einen Trainingsplatz zu gehen.
Weil Ihr nun mal körperlich schwach seid, Fräulein.
Ich hatte keine Ahnung, dass so viele Leute hier trainieren.
Euer Vater ist der 2. Kommandant des Ritterordens des Kaiserreichs Castina.
Diese Leute folgen Eurem Vater, um das Kaiserreich zu beschützen und zu verteidigen.

Wink
Wink
Anfunkel!
...
Ein Ritter ...
Jemand, der das Kaiserreich verteidigt ...
Klopf
Klopf
Vater, trink etwas Tee!
Gern, vielen Dank.

Ähm, Papa. Ich habe eine Bitte.
Okay, sag ruhig!
Bring mir bitte bei ...
... wie man mit dem Schwert kämpft!

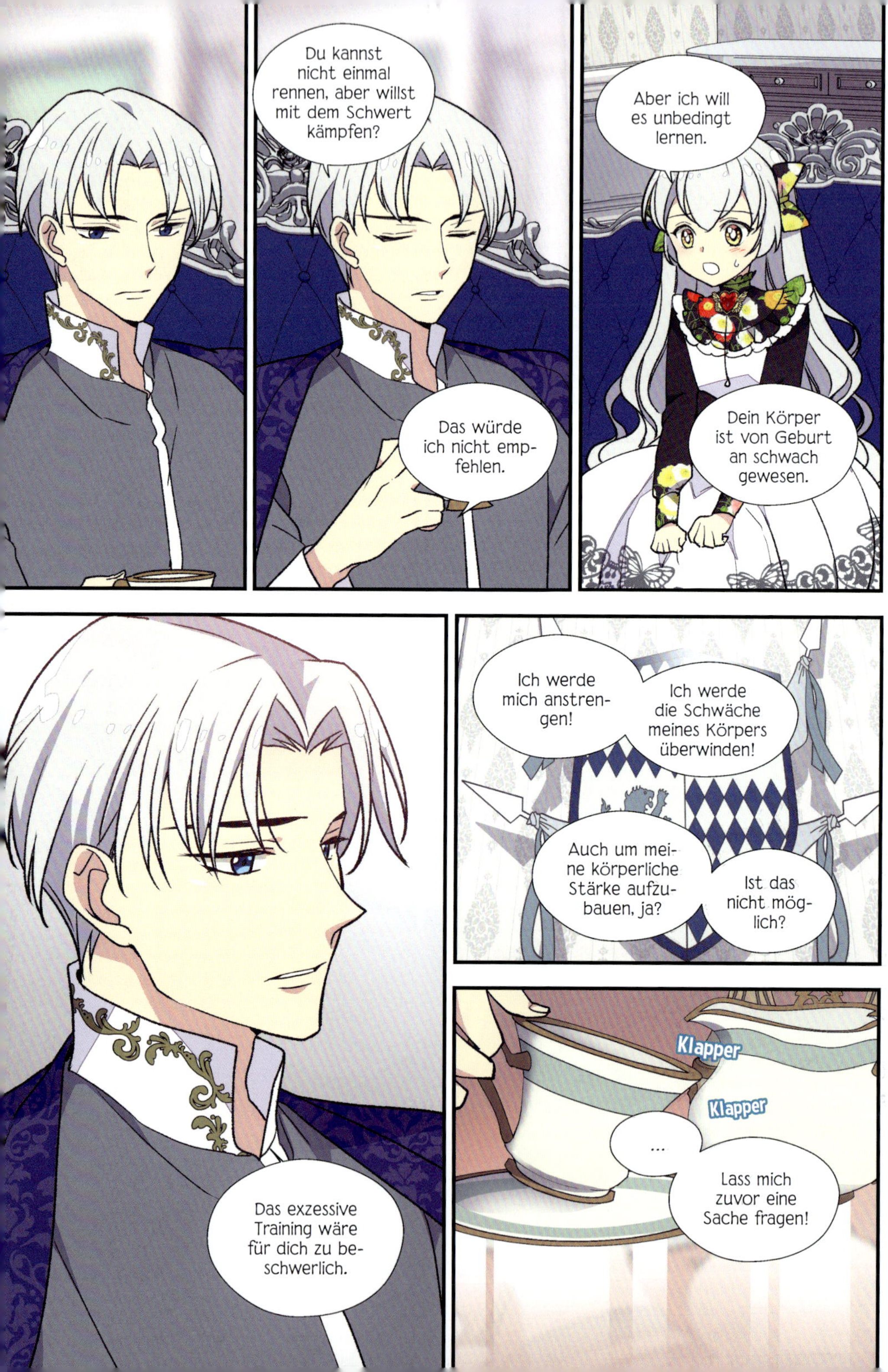
Du kannst nicht einmal rennen, aber willst mit dem Schwert kämpfen?
Das würde ich nicht empfehlen.
Aber ich will es unbedingt lernen.
Dein Körper ist von Geburt an schwach gewesen.
Das exzessive Training wäre für dich zu beschwerlich.
Ich werde mich anstrengen!
Ich werde die Schwäche meines Körpers überwinden!
Auch um meine körperliche Stärke aufzubauen, ja?
Ist das nicht möglich?
Klapper
Klapper
...
Lass mich zuvor eine Sache fragen!

Hängt es mit dem Kronprinzen zusammen …
Erstarr
… dass du dich so verhältst, Tia?
Du hast ja auch letztes Mal gesagt, dass du nichts mit ihm zu tun haben möchtest.
Ich …
Es stimmt, aber …
… ich kann darüber nicht mit meinem Vater reden.
Ich kann ihm nicht erzählen, was ich alles schon durchgemacht habe und dass ich schon einmal gestorben bin …
Tia, ist vielleicht …

... irgendwie deine Erinnerung zurückgekehrt?
Was?!

Meine Erinnerung?! Hat er nach meiner Erinne-rung gefragt?!
Was will mein Va-ter von mir wissen?!
Das kann nicht sein ...! Kennt er etwa auch ...?
... die Vergangen-heit?!
Ja ... Es kann durchaus sein, dass nicht nur ich alleine zurückgekehrt bin.
Falls auch mein Vater ...
... sich an diese grauenhafte Vergangenheit erinnert ...
Was soll ich dann tun ...?

Ich meine die Erinnerungen aus deiner Kindheit.
Meiner Kindheit?
Oh ... Er hat von etwas anderem geredet.
Das war ein Schock.
Aber ... Was meinst du mit meiner Kindheit?
Ich habe den Kronprinzen doch kürzlich im Palast zum ersten Mal getroffen ...
Offenbar erinnerst du dich nicht. Vergiss, was ich gerade gesagt habe!
Aber, was ist dann der Grund?

Ich möchte nicht heira-ten.
Ich möchte einfach wie jetzt glücklich mit dir zusammenleben …
Perplex
Huch!
Was habe ich denn da gerade gesagt ?!!
…
Oh …
Äh …

Nicht nur mein Körper ist so jung, jetzt denk ich sogar schon wie ein kleines Kind!
Hiiiek
Ich benehme mich wie ein verzogenes Gör. Was für ein Unsinn ...
Sst
Tia. Komm mal zu mir!
Schleich
Zöger
Ich dachte schon, du wärst ganz erwachsen geworden.

Du bist doch immer noch meine Kleine.
Gut. Wenn du das willst, machen wir es so.
Aber ich bin ein strenger Lehrer. Mach dich also auf was gefasst!
Ja ... !
Ja, Papa!!
Am nächsten Tag
Guten Morgen! Aristia!!

Hallo, Allendis!
Bist du gekommen, um mich anzufeuern?
He he ... Nicht ganz.
Nein?
Ich werde ab heute auch die Schwertkunst erlernen.
Wirklich?!
Uwah! Wie toll!!
Wupp

Brodel
Dieser kleine Mistkerl?!
Äh... Ähm ...
Dann können wir ab jetzt jeden Morgen zusammen verbringen!
Allendis, lass mich runter ...!
Allendis ... Er war alleine bestimmt ziemlich nervös.
Ich bin tatsächlich auch aufgeregt.
Kopfschüttel
Kopfschüttel
Schüttel
Schüttel
Pack!

Was soll dieses Benehmen?
Prinz Verita.
Ich hatte keine Hintergedanken, Euer Exzellenz.
Ich war nur glücklich, dass ich nun zusammen mit Aristia unterrichtet werde.
Vergesst es.
Fangt an und lauft dreißig Runden um den Trainingsplatz!
Urgh!
Tia, du läufst zehn Runden!
Grrrrr
?
?

Ha ha ... Irgendwie habe ich das Gefühl, dass er mich hasst.
Ob ich wohl zehn Runden rennen kann? Ich ...
Hah, hah ... Meine Beine geben nach ...!
Hah hah
Halt durch, Aristia!
...

Oha, was ist passiert?
Anwesen des Herzogs Rass
Du bist heute außergewöhnlich früh zu Hause.
Schön, wieder daheim zu sein, meine Liebe.
Manchmal möchte ich einfach nur eine angenehme Zeit mit meiner Ehe-frau verbringen.
Hmpf!
Du bist so gut mit Worten. Und trotzdem vernach-lässigst du mich ständig.
Ich habe gehört, dass du eine Audienz bei Seiner Hoheit hattest. Ist er gesund?

Er ist immer derselbe. Er ist halt eine starke Person.
Außer …
… dass er vielleicht seine kleine Schwester vermisst, die er so lange nicht mehr gesehen hat.
Ach so? Das ist ja mal ungewöhnlich.
Ist das nicht selbstverständlich? Du bist immerhin seine einzige Schwester.
Wie wäre es, wenn du auch einmal den Kaiserpalast besuchst?
Würde er es nicht mögen, wenn du ihn manchmal von dir aus besuchst?
Ich weiß nicht. Das würde mir zwar auch gefallen …
… aber in letzter Zeit habe ich so viel zu tun und bin erschöpft.
Mutter!
Wuuusch

Ist mein Bruder noch nicht wieder da?
Er hat gesagt, dass er mir ein neues Reitpferd kaufen würde!!
Sein! Sollte sich der Sohn eines Herzogs so gedankenlos verhalten?
Benimm dich etwas besser!
Oh! Du bist wieder zu Hause, Vater.
Hörst du brav auf deine Mutter?
Ja. Es tut mir leid.
Kaisian kommt heute später.
Er hat gesagt, dass er dein Pferd vorausschickt. Es sollte bald hier ankommen.
Dann warte ich draußen auf seine Ankunft!
Ich sterbe vor Neugierde! Ich will es schnell sehen!
Oh Mann, dieser Bengel …!
Er ist doch kein Kind mehr. Wie kann er im Haus rennen?!

Und ich sagte, du sollst mehr auf deine Worte und Taten achten ...!
Bleib stehen, Sein!
Sein!
Karsein de Rass!!
Was für eine fürchterliche Stimme ...
Meine Frau ist ganz schön krass.
Hmm. Es ist zwar gut, dass er so gesund ist, aber er ist etwas hyperaktiv.
Von wem er das wohl hat?
Meinst du ...
Für ihn wäre es doch auch gut, wenn er den Palast besuchen würde und etwas mit dem Kronprinzen spielen könnte.
Findest du nicht auch?
... das ernst, was du da sagst?

Du bist die einzige kaiserliche Prinzessin und die kleine Schwester des Kaisers.
Bist du nicht auch die Tante des Kronprinzen?
Elnia Shana de Rass
1. Kaiserliche Prinzessin / Herzogin Rass
Sein und der Kronprinz sind Cousins, also muss uns nicht kümmern, was andere darüber denken.
Meinst du nicht auch?
Wen ...
... kümmert es ...
... was andere Leute denken?
He he
Wenn das nicht der Fall ist, sollte es doch in Ordnung sein, mal den Palast zu besuchen.
Oh Mann, dieser listige Fuchs.

So langsam wird er meinem großen Bruder immer ähnlicher.
Obwohl er es besser weiß, redet er so mit mir.
Sein soll sich mit dem Kronprinzen anfreunden?
Das wird nicht klappen.
Egal ob sie Cousins sind oder nicht ...
Herzogin Rass.
Wenn man vom Teufel spricht!

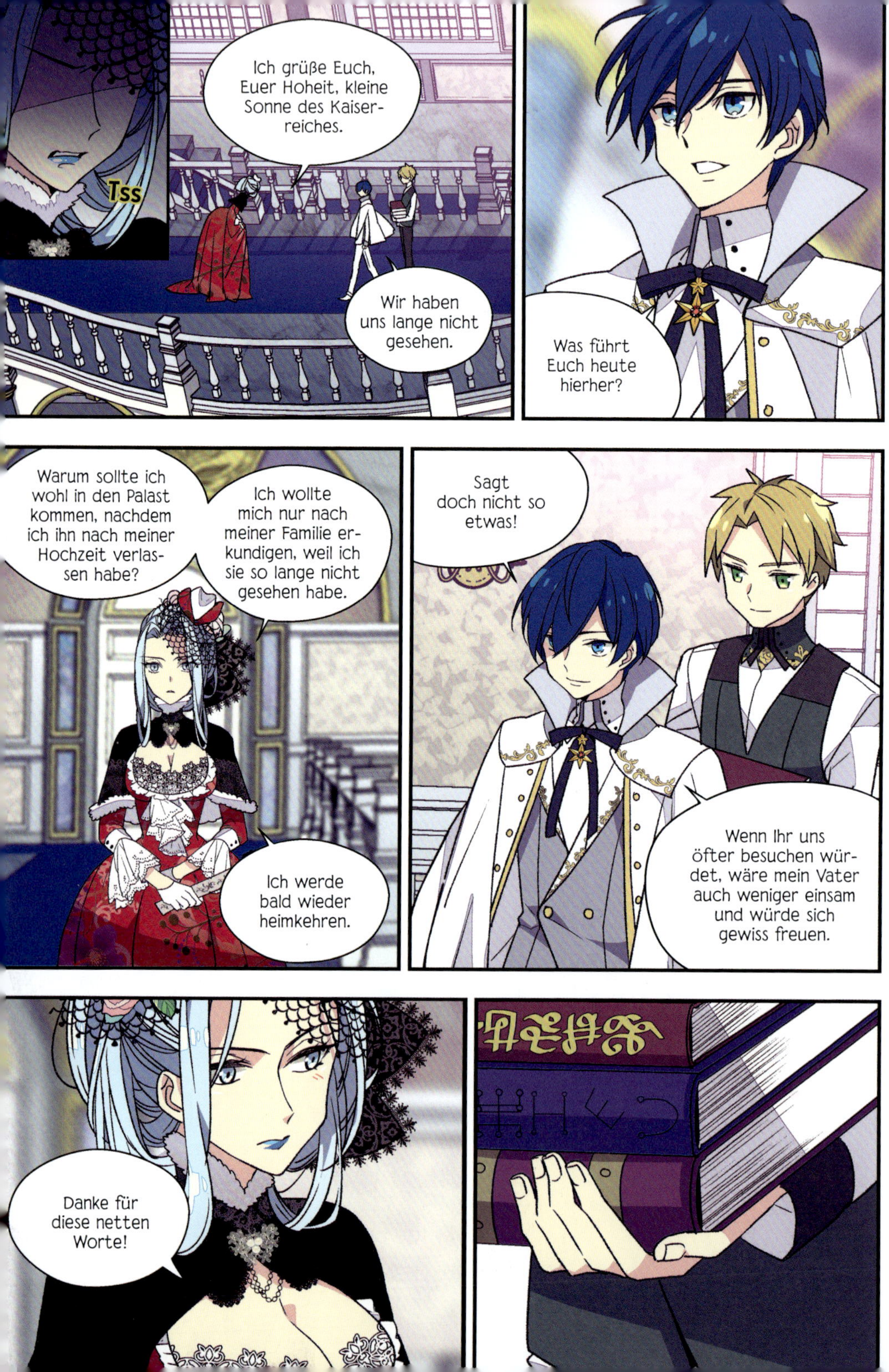
Tss
Ich grüße Euch, Euer Hoheit, kleine Sonne des Kaiser-reiches.
Wir haben uns lange nicht gesehen.
Was führt Euch heute hierher?
Warum sollte ich wohl in den Palast kommen, nachdem ich ihn nach meiner Hochzeit verlas-sen habe?
Ich wollte mich nur nach meiner Familie er-kundigen, weil ich sie so lange nicht gesehen habe.
Ich werde bald wieder heimkehren.
Sagt doch nicht so etwas!
Wenn Ihr uns öfter besuchen wür-det, wäre mein Vater auch weniger einsam und würde sich gewiss freuen.
Danke für diese netten Worte!

Habt Ihr diese Bücher alle gelesen?
Das sind doch die Geschichten des Kontinents, die auch für Erwachsene nur schwer zu lesen sind.
Ach so ...
Ich habe schon immer so viel gelesen.
Mit diesen Büchern hat Seine Hoheit nun alle Bücher aus allen Bibliotheken der kaiserlichen Familie durchgelesen.
Das ist sehr bewunderns-wert.
Nun ja ...
... wenn man nur das Lesen an sich meint.

Sagt es ruhig, wenn Ihr etwas sagen wollt!
Nicht doch. Wie könnte ich es wagen?
Es gibt nichts, vor dem Ihr Euch fürchten müsstet.
Ihr seid doch meine Tante.
Dann werde ich Euch ...
... als Eure Tante etwas sagen, auch wenn es vielleicht anmaßend klingen mag.
Ich muss sagen, dass ich von Eurer Nachlässigkeit enttäuscht bin ...
... wenn Ihr schon nach dem Lesen vieler Bücher zufrieden seid.

Was ...?!
Scheint das der Fall zu sein?
In diesem Alter war Euer Vater nicht nur in Bezug auf Bücher, sondern in beiden Bereichen, den Kampfkünsten und der Literatur, herausragend.
Er meinte, dass dies eigentlich das Mindeste für jemanden sei, der das Kaiserreich lenken wird.
Ich denke, dass Ihr Euch noch einigen Dingen widmen müsst.
... an Eure bereits verstorbene Mutter.
Zumindest, wenn Ihr nicht das Andenken ruinieren wollt ...

Nur dann kann sie auch im Jenseits stolz auf Euch sein, oder?
Ihr seid schließlich ihr einziger Sohn.
Ach, aber es wird schon gut gehen, denke ich.
Ich habe gehört, dass Eure Verlobte aus der Familie Monique außergewöhnlich sein soll.
Offenbar hat sie sich die Steuer auf Luxusgüter ausgedacht.

Weil Eure Kaiserin, die Euch in der Zukunft unterstützen wird, so herausragend ist ...
... kann auch Euer Vater beruhigt sein.
Das ist wirklich ein Glück.
Gnn
Aber es ist nicht genug!
Nehmt Euch das nicht zu Herzen! Ihr habt ausreichend ...

Kein Tag vergeht ...
... ohne dass ich mit ihr verglichen werde.
Ha!
Haiya!
Was zum Teufel ...

... unter-
scheidet uns
so sehr?!

Aristia la Monique

Die gefallene Kaiserin

Vorschau Band 2

Ruves Blick ist so kalt
wie vor Aristias Rückkehr
in die Vergangenheit!

Allendis kommt Tia
Stück für Stück näher!

Und ihr Vater wird
immer rigoroser, um Allendis
im Zaum zu halten.

Die Frist rückt langsam näher ...

... und Tia hängt sich noch verzweifelter in ihr Schwerttraining rein!

Aristia la Monique
Die gefallene Kaiserin

altraverse

Deutsche Ausgabe / German Edition
Altraverse GmbH – Hamburg 2024
Aus dem Koreanischen von Katharina Schmölders

The Abandoned Empress vol.1

First published in Korea in 2017 by D&C WEBTOON Biz
German translation rights arranged with Altraverse GmbH
through D&C WEBTOON Biz

Redaktion: Gwyneth Minte
Herstellung: Cathrin Hamester
Lettering: Vibrant Publishing Studio

Druck: Silber Druck oHG
Printed in Germany

ISBN 978-3-96358-980-5
2. Auflage 2024

www.altraverse.de